Chuck Spezzano

Das Buch der Erkenntnis

auf dem Weg nach innen

Schlüssel zur Verwendung und
Interpretation der Erkenntnis-Karten

Illustrationen von Alison Jay

vianova
Verlag Via Nova

Übersetzung aus dem Amerikanischen: Jutta Herr

Originaltitel des Gesamtwerkes:
The Enlightenment Pack
Originaltitel des Buches:
The Enlightenment Book
Erstausgabe in England in 1996 by Rider Ebury Press
Random House UK Ltd
Random House
20 Vauxhall Bridge Road
London SW1 V 2SA

15. Auflage 2022

Verlag Via Nova, Alte Landstraße 12, 36100 Petersberg
Telefon: (06 61) 6 29 73
Fax: (06 61) 9 67 95 60
E-Mail: info@verlag-vianova.de
Internet: www.verlag-vianova.de
Internet: www.transpersonale.de

Satz und Gestaltung: Plejaden Publishing Service, 21379 Boltersen
Druck und Verarbeitung: Appel & Klinger, 96277 Schneckenlohe

ISBN 978-3-928632-32-4

Meinem Sohn Christopher
für all die Liebe und den Spaß

Inhaltsverzeichnis

Danksagung

Ich möchte zunächst meinem Herausgeber Brian Mayne danken, der mir Tag für Tag zur Seite stand, um dieses Manuskript druckreif zu gestalten, und auch Marcia Crosby Dank sagen für die wunderbare redaktionelle Bearbeitung, durch die dieses Werk seine überzeugende und prägnante Form erhielt.

Ich möchte mich bei meinen Studenten und den Teilnehmern an meinen Workshops bedanken, von denen ich in den vergangenen zwanzig Jahren so vieles gelernt habe.

Ich danke auch meiner Frau Lency und meinen Kindern Christopher und J'aime für ihre Liebe und ihre Unterstützung.

Ebenso danke ich Sarah Sutton von meinem Verlag und Nicky Thompson für das abschließende Redigieren dieses Buches.

Mein Dank gilt auch Alison Jay, deren einfühlsame und kreative Illustrationen die Botschaft der Karten so vollendet wiedergeben.

Mein abschließender Dank gilt *Ein Kurs in Wundern*, der seit neunzehn Jahren eine Quelle ständiger Inspiration für mein Leben darstellt und mich zu einem tiefen Verstehen geführt hat, das in diesem Buch von der ersten bis zur letzten Seite zum Ausdruck kommt.

Einführung

Die Karten der Erkenntnis spiegeln die Modelle und Methoden wider, die aus meiner Arbeit mit Menschen vieler Kulturkreise in Europa, Nordamerika und Asien im Laufe der vergangenen fünfundzwanzig Jahre hervorgegangen sind. Diese Tätigkeit – im Rahmen derer ich mich intensiv mit dem menschlichen Geist, dem meinen und dem ihren, beschäftigt habe – deutet darauf hin, daß es einen natürlichen Entwicklungspfad gibt, auf dem unser Geist und unser Herz mit jeder Blockade, die gelöst wird, weiter voranschreiten können. Sie läßt uns auch erahnen, daß es einen naturgegebenen, spirituellen Teil des Geistes gibt, der voller Liebe, Licht und Glückseligkeit ist. Ich nenne diesen Teil das Höhere Bewußtsein. Andere Menschen mögen ihm andere Namen geben, wie der Buddhageist, der Christusgeist, unser Höheres Selbst, unsere Höhere Macht, der Heilige Geist und so weiter. Das Höhere Bewußtsein ist unser naturgegebener Weg zu Gott (in welcher Form wir auch immer an ihn glauben mögen) und ins Himmelreich.

Im Laufe der Jahre haben Menschen immer öfter das Durchscheinen des Höheren Bewußtseins erfahren, und in seiner Gegenwart wird es möglich, die Grenzen der Zeit zu überschreiten, und Wunder können geschehen. Gleichzeitig hat es den Anschein, als kehre sich unsere Entwicklung um, zurück zum ursprünglichsten Teil des Geistes. Diese Reise zur altehrwürdigen Zukunft, wie ich sie nenne, erfolgt ganz von selbst, wenn wir Illusionen, Verhaftungen, Leiden und andere Formen von blind machenden Fehlern loslassen.

Die Idee, die den Karten zugrunde liegt

Die Mystiker haben diese Welt als eine Illusion oder einen Traum beschrieben. Wenn du dafür offen bist, wirst du sehen, daß die ganze Welt um dich herum ganz einfach ein Spiegel deines inneren Geistes ist. Wenn du allmählich mit den Karten vertraut wirst und zu erkennen beginnst, wie sie Teile deines Geistes widerspiegeln, derer du dir bisher vielleicht gar nicht bewußt warst, kannst du sie als Hilfe für dein Voranschreiten nutzen.

Die Karten sind ein Werkzeug, das Elemente unserer selbst (unserer inneren Welt) widerspiegeln kann, die unserer bewußten Wahrnehmung verborgen sind und große Macht entfalten können, um uns in bestimmten Situationen festzuhalten. Wenn Menschen leiden oder in Schrecken erstarrt sind, oder wenn sie versuchen, von der Welt etwas zu „bekommen“, fällt es ihnen schwer, aus diesem Traum zu erwachen. In einer solchen Situation ist es schwierig, das Licht, die Liebe und das Glück zu erfahren, die von einigen Karten beschrieben werden. Indem wir uns der versteckten Elemente unserer inneren Welt bewußt werden, können wir nicht nur unsere Achtsamkeit einsetzen, um eine bessere Wahl zu treffen, sondern auch die Heilungsprinzipien anwenden, um voranzuschreiten. Das Gute daran ist, daß es, je mehr Kraft und Zuversicht wir entwickeln und unser Leben in einen immer glücklicheren Traum verwandeln, für uns immer wahrscheinlicher wird, aus einem glücklichen Traum und nicht aus einem Alptraum zu erwachen.

Wenn diese Karten in der Lage sind, auch nur einem Menschen – nämlich DIR – wirklich zu helfen, dann sind sie nicht vergeblich entstanden. Ich wünsche dir, daß du leicht und zügig auf deinem Weg nach Hause vorankommst.

Chuck Spezzano
Hawaii, April 1996

Das Ziel der Erkenntnis-Karten

Die Erkenntnis-Karten stellen einen einzigartigen, sehr wirksamen und vergnüglichen Weg zur Selbsterkenntnis dar und können zur Orientierung, für Wandel und Heilung eingesetzt werden. Du kannst alleine mit den Karten arbeiten, gemeinsam mit einem Partner oder mit anderen Menschen, um dir bei der Lösung von Problemen helfen zu lassen und um in Zeiten der Veränderungen und der Krisen oder auch in Zeiten der Liebe, des Glücks und der Freude Entscheidungen zu fällen.

Die Karten der Erkenntnis können jedem von uns helfen, unser ganzes Potential auszuschöpfen. Sie beruhen auf der Überzeugung, daß Heilung, persönliches Wachstum und Veränderung Spaß machen können, da Heilung genausogut durch Lachen wie durch Tränen geschehen kann. In diesem Sinne kann man die Karten als ein Spiel betrachten, das man mit Freunden spielt, um versteckte Elemente aufzudecken und Spaß daran zu haben. Du bist aufgerufen, diese Karten – und dich selbst – leicht zu nehmen. Nimm ihre Hilfe an, um dir das Negative und Illusorische aufzeigen und dich von Entdeckungen erfreuen zu lassen.

Persönliche Verantwortung, persönliche Wahl und persönliche Rechenschaft sind die Schlüsselelemente, die es bei der Auslegung der Karten zu erkennen gilt. Das eigene Verhältnis zu den Karten wird bei jedem Menschen nur so persönlich, erfolgreich oder langfristig sein, wie er dies wünscht. Gib die Eigenverantwortung für deine Handlungen nicht dadurch auf, daß du deine persönliche Kraft den Karten überläßt und dich von ihnen abhängig machst. Nutze sie statt dessen als ein Werkzeug, das dir Kraft und Unterstützung in deinem Wachstum, beim Erreichen deiner Ziele, bei deinen Entscheidungen und deiner Heilung geben kann.

Wenn die Karten auch niemals ein Ersatz für die Liebe und den Beistand eines anderen Menschen sein können, so wirst du sie doch mit der Zeit als einen alten Freund und geachteten Lehrer empfinden. In dieser Hinsicht können sie ein wahrhaftiges Mittel für persönliche Veränderung darstellen.

Die Karten sind einfach und direkt, sie werden dich führen und dir durch alle Fallen hindurch beistehen, und sie werden dir helfen, diese Blockaden zu überwinden. Sie werden dir auch helfen, mehr Achtsamkeit zu entwickeln und im Leben voranzuschreiten.

Die Erkenntnis-Karten sollten als Wegweiser zur Veränderung genutzt werden, der dir in deinem persönlichen Wachstum und auf deinem spirituellen Weg beisteht. Aber denke daran, daß sie als Werkzeug gedacht sind und du dich nicht von ihnen beherrschen lassen sollst. Wenn du zu Anfang über einen bestimmten Zeitraum hinweg mit den Karten gearbeitet hast (vielleicht eine Woche oder einen Monat lang), dann lasse ein oder zwei Tage vergehen, bevor du sie wieder zur Hand nimmst. Setze in dieser Zeit nur deine Achtsamkeit als Hilfsmittel ein, um den Tag zu beobachten. Halte Ausschau nach Herausforderungen und Gelegenheiten, bei denen du die heilenden und hilfreichen Grundsätze anwenden kannst, die du bereits kennengelernt hast. Du kannst dir selbst mit diesen Karten helfen, und dein Höheres Bewußtsein wird dir behilflich sein, die einzelnen Karten zu deuten und zu verstehen.

Die Kartenfamilien

Die Erkenntnis-Karten umfassen sechs Kartenfamilien, wobei jede Familie einem bestimmten Themenschwerpunkt gewidmet ist und jeweils drei Kartenfamilien einen Satz bilden.

Der erste Satz besteht aus den Opfer- und Beziehungs-Karten sowie den Karten des Unbewußten. Diese Karten stehen für Probleme oder Fallen – die negative Seite des Spiels. Der zweite Kartensatz umfaßt die Heilungs-Karten sowie die Karten der Gaben und der Gnade. Dies sind die Heilung bringenden Karten – die positive Seite des Spiels.

I. Teil

Die Karten

Die Opfer-Karten

SCHWARZ

Diese Karten beschreiben die in der Regel verborgenen (oder unterbewußten) Beweggründe, die dazu führen, daß wir uns ohnmächtig und angegriffen fühlen, und die uns der grundlegenden Fähigkeit berauben, das zu wählen, was wir uns für unser Leben wünschen. Sie stellen die wichtigsten ursächlichen Blockaden dar, die eine Wendung zum Besseren und unseren Erfolg verhindern. Die Fallen, die uns zum Opfer werden lassen, werden zumeist von unseren Beziehungsfallen und Beziehungsmustern bestimmt.

❖ 1 ❖

ANGST

SCHLÜSSELKONZEPTE: *Trennung; Konflikt; Verlust- oder Angriffsgedanken; Planung der Zukunft oder der Versuch, diese zu organisieren; Abwehrmechanismen.*

Die meisten Menschen halten Angst für etwas, das von außen kommt, um uns zu bedrohen. Tatsächlich aber entstammt die Angst unserem Geist. Sie steht für einen inneren Konflikt, der zwei unterschiedliche Dinge will: Der Gedanke, auf eines dieser Dinge, die wir uns wünschen, zuzugehen, führt zur Angst, daß wir dadurch unweigerlich etwas anderes verlieren würden. Furcht entsteht dadurch, daß wir in der Vergangenheit leben, daß wir auf die eine oder andere Art und Weise etwas planen oder verteidigen und versuchen, mit einer Zukunft zurechtzukommen, die noch gar nicht begonnen hat. Negative Gefühle, die wir immer noch in bezug auf die Vergangenheit haben, führen unmittelbar dazu, daß wir aus dieser Angst heraus die Vergangenheit auf die Zukunft projizieren; wir haben das Gefühl, daß uns erneut etwas Ähnliches geschehen wird.

Man könnte sagen, daß alle Probleme – alle negativen Gefühle – der Angst entspringen. Wo immer Probleme entstehen, ist Angst daran beteiligt. Ängste werden verursacht durch unsere Werturteile, unsere Klagen und Angriffsgedanken, die uns allesamt die Welt als gefährlich und nicht lebenswert betrachten lassen. Wir haben Angstgefühle und sind uns nicht darüber im klaren, daß der Ursprung der Angst in unserem eigenen Geist liegt und auf unserer Trennungs- und Verteidigungshaltung gegenüber den Menschen, Situationen und Dingen beruht. In der Tat führt jede in uns vorhandene Trennung zu beängstigenden Situationen. Du wirst sehen, daß die Angst sich immer dann auflöst, wenn wir uns mit einer Situation verbinden, sie integrieren oder sie mit Liebe erfüllen; wenn wir voller Zuversicht voranschreiten, lösen sich ungelöste Geschehnisse der Vergangenheit auf, und mit der Klärung der Vergangenheit klärt sich auch die Zukunft.

Wie du diese Karte nutzen kannst

Wenn du diese Karte ziehst, ist dies eine Aufforderung an dich, Verantwortung zu übernehmen, deine Gedanken in bezug auf deine Situation durch eine entsprechende Entscheidung zu verändern und damit zu beginnen, in einer heilen (oder heilenden) und positiven Art und Weise zu denken und zu fühlen. Es gibt viele Wege, um die Angst zu heilen. Entscheide dich dafür, deinen negativen Gefühlen so lange nachzuspüren, bis sie sich auflösen und sich in positive Gefühle der Liebe, der Verbundenheit, der Vergebung, der Bereitwilligkeit, des Glaubens oder Vertrauens verwandeln. Indem du dein Denken änderst und dich dafür entscheidest, anders zu reagieren, kannst du sowohl die aktuelle Situation als auch die Welt verändern.

❖ 2 ❖

VERGELTUNG

SCHLÜSSELKONZEPT: *Angreifen anderer Menschen als Reaktion auf erfahrenes Unrecht, häufig durch Selbst-Aufopferung.*

Vergeltung ist eine der am tiefsten in uns verborgenen Triebkräfte oder Dynamiken. In Situationen, wo es den Anschein hat, daß Menschen zum Opfer gemacht wurden, ist es in Wirklichkeit oft so, daß sie sich dadurch an einem für ihr Leben wichtigen Menschen rächen. Dies bedeutet, daß Erkrankungen, Unfälle, Konflikte und Probleme aller Art eine wichtige Mitteilung an den anderen und ein Angriff auf ihn sein können. Im Grunde lautet die Botschaft auf unterbewußter Ebene: „Du bist schuld, daß mir dies passiert ist. Hättest du mich mehr geliebt, mich besser behandelt, mir geholfen, mich nicht so schlecht behandelt etc., so würde dies in meinem Leben nicht geschehen." Die Kernaussage der Opferhaltung ist im wesentlichen folgende: „Ich bin bereit, mich verletzen zu lassen, damit ich dich verletzen kann." Da diese Dynamik so tief versteckt ist, ist es den meisten Menschen ziemlich unangenehm, wenn sie entdecken, daß sie Rachegefühle hegen.

Wie du diese Karte nutzen kannst

Wenn du diese Karte erhältst, kann es sein, daß du aktiv versuchst, jemandem weh zu tun, um dein eigenes Leiden zu beenden (was dir nicht gelingen wird). Wahrscheinlicher ist jedoch, daß du eine problematische Situation durchlebst, um dich dadurch an einem anderen Menschen zu rächen. Betrachte deine unterbewußten Beweggründe und frage dich: „Wem würde ich wohl dadurch, daß ich es zu dieser Situation kommen lasse, etwas zurückzahlen wollen?" Die Antwort ist in dir, lasse sie einfach zu. Wenn du dir dieser Vorgänge bewußt wirst, hast du bereits die halbe Schlacht gewonnen. Wenn du jedoch (wie viele Menschen) behauptest, daß deine Vergeltung auf *dich selbst* abzielt, so gehst du damit dieser aufschlußreichen Frage aus dem Weg. Natürlich verletzt du *immer* dich selbst, aber du tust dies auch, um dich an einem anderen Menschen zu rächen. Um dich von Rachegefühlen zu befreien, mußt du bereit sein, dein Leiden und die damit einhergehenden Vorwürfe aufzugeben. Vergebung und Loslassen können dir die Kraft geben voranzuschreiten, und wenn du dann eine neue Ebene der Offenheit erreichst, werden sie dir ermöglichen, das zu empfangen, was du dir immer gewünscht hast.

Der beste Beweis dafür, daß du die Rachegefühle hinter dir gelassen hast, ist die Tatsache, daß du nicht länger leidest. Vergeltung ist ein zweischneidiges Schwert, das im Außen und im Inneren schneidet. Ein altes Sprichwort besagt: „Wer Rache sucht, sollte am besten zwei Gräber graben." Rache funktioniert nicht. Sie bringt dein Leben zum Stillstand. Heute ist der richtige Zeitpunkt, die verborgene Dynamik zu akzeptieren – denn in Wirklichkeit unterliegt deine Situation genau dieser Dynamik – und zu vergeben und loszulassen, damit du Heilung erfahren kannst.

❖ 3 ❖
SCHULD

SCHLÜSSELKONZEPTE: *Selbstangriff; Rückzug; Wertlosigkeit; Leben in der Vergangenheit; Angst vor dem nächsten Schritt; Überbewertung der eigenen Person; Kontrolle.*

Schuld ist ein negatives Gefühl, das mit der Angst einhergeht. Während sich Angst auf die Zukunft bezieht, liegt Schuld in etwas Vergangenem begründet, aufgrund dessen wir uns schlecht fühlen. Wenn wir Schuldgefühle haben, dann lassen wir uns immer wieder Formen der Selbstbestrafung einfallen. Diese Dynamik liegt mit an der Wurzel aller Problem- oder Opfersituationen. Schuldgefühle haben den Zweck, uns vor dem Voranschreiten und dem nächsten Schritt zu „schützen". Je mehr Beachtung wir der Schuld schenken, desto mehr verstärken wir ihre Existenz.

Wir setzen Schuldgefühle ein, um uns selbst zu kontrollieren und die Rolle überzubewerten, die wir in einer bestimmten Situation gespielt haben; und wenn wir anderen Menschen die Schuld zuweisen, so wollen wir sie dadurch kontrollieren. Entweder werden wir anderen gegenüber aggressiv, oder wir ziehen uns zurück und richten durch Aufopferung, Minderwertigkeitsgefühle und ein negatives Selbstbild die Aggression gegen unsere eigene Person. Wenn wir Schuldgefühle haben, fühlen wir uns schlecht. Darum handeln wir entweder ebenfalls schlecht, oder wir kompensieren die

Schuld durch den Versuch, besonders gut zu handeln. Doch diese Art „guten" Handelns trägt keine Früchte, da ein solches Verhalten nur „beweisen" will, daß wir gute Menschen sind, während wir uns in Wirklichkeit schuldig fühlen.

Schuldgefühle lassen keine Richtigstellung zu, da sie besagen, daß wir eher eine Strafe als eine Berichtigung verdient haben. Als eine Form des Selbstangriffs gehört Schuld zu den extrem selbstzerstörerischen Konzepten, denn sie führt dazu, daß wir uns vom Leben und aus Beziehungen zurückziehen. Und durch diesen Rückzug *können* wir *keinen* Erfolg haben.

Wie du diese Karte nutzen kannst

Wenn du diese Karte erhältst, so bist du aufgefordert, das anzuschauen, aufgrund dessen du dich schlecht fühlst. Finde heraus, wo du dich wegen deiner Schuldgefühle selbst angreifst oder bestrafst oder andere dies für dich tun läßt. Wenn du nicht gleich sicher bist, worauf sich die Schuldgefühle beziehen, dann schaue entweder so lange hin, bis es an die Oberfläche kommt, oder versuche einfach herauszufinden, auf *wen* und auf *was* sie sich beziehen könnten.

Du bist aufgefordert, diesen Fehler zu berichtigen, anstatt im Kreislauf der Selbstbestrafung und der Schuldgefühle haften zu bleiben. Je mehr du dich selbst bestrafst, desto schlechter wirst du dich fühlen. Je schlechter du dich fühlst, desto mehr wirst du von deiner Schuld überzeugt sein und dich darum um so mehr bestrafen. Solange wir in diesem Kreislauf gefangen sind, kann das Problem niemals verstanden, geheilt oder vergeben werden. Wenn wir uns in dieser Weise selbst angreifen und verurteilen, werden wir unweigerlich auch andere verurteilen. Wenn wir jedoch uns selbst befreien, befreien wir auch unsere Mitmenschen.

Wenn du heute diese Karte erhältst, so ist dies eine Aufforderung an dich, in Betracht zu ziehen, der Welt eines der größten Geschenke zu machen, das du ihr geben kannst – dich. Statt einem Fehler ein Denkmal zu errichten, lerne die Lektion, berichtige den Fehler, erkenne deine Unschuld und mache den nächsten Schritt nach vorne.

❖ 4 ❖

Werturteile

SCHLÜSSELKONZEPTE: *Projizierte Schuldzuweisungen, hinter denen sich Schuldgefühle und Verleugnung verbergen; auf Trennung oder Überheblichkeit beruhendes Handeln.*

Werturteile sind ein Versuch, uns von den Menschen oder Dingen, die für uns ein Problem darstellen, zu entfernen, zu trennen oder uns über sie zu stellen. Aber Werturteile verleugnen und verbergen nur die unterdrückte oder verdrängte Schuld, die uns über andere Menschen urteilen läßt. Sie sind ein Versuch, die Schuld, die wir tief in unserem Inneren spüren, auf andere zu projizieren und es so aussehen zu lassen, als hätten diese Werturteile nichts mit uns zu tun. Wer jedoch unschuldig ist, urteilt nicht über andere.

Worüber du urteilst, das versuchst du zu meiden und dich als andersartig oder überlegen zu betrachten. So kann es zum Beispiel sein, daß du als Frau behauptest, du hättest gerne einen Freund, aber eigentlich hast du über Männer bereits ein ganz bestimmtes Urteil gefällt. Dies könnte dann tatsächlich der Grund dafür sein, daß du keinen Freund findest.

Die Problematik von Werturteilen liegt in der Tatsache, daß wir durch sie in der Problemfalle gefangen sind. Da wir uns weigern, das Offensichtliche anzunehmen, kann es auch nicht verwandelt oder verbessert werden. Und solange wir uns weigern, bleibt das Problem bestehen. Das erinnert an die Geschichte vom Gorilla, der sich in uns verliebt hat und uns deshalb hinterherjagt. Wir laufen vor ihm weg, um uns in einem Zimmer in Sicherheit zu bringen, aber genau in dem Moment, da wir den Schlüssel im Schloß umdrehen, spüren wir eine große haarige Hand auf unseren Schultern. Durch Werturteile sperren wir uns mit dem Problem in einem Raum ein und halten dadurch das Vergebung und Akzeptanz innewohnende Verwandlungspotential von uns fern.

Wie du diese Karte nutzen kannst

Wenn du die Karte der Werturteile ziehst, bist du dir selbst in die Falle gegangen, indem du andere der Dinge wegen anklagst, derer du dich irgendwie schuldig fühlst. Du tadelst sie auch für deine Vergangenheit, nicht für die ihre. Wofür du sie tadelst, ist jedoch eine Illusion und ein Mißverständnis. Möglicherweise findest du die Schuldgefühle unter einer Kompensationshandlung begraben. Beispielsweise handeln Menschen, die sich sehr schuldig fühlen, manchmal so, als seien sie besonders gute Menschen, um diese Schuldgefühle zu kompensieren. Dies ist ein Versuch, die Schuld zu begraben und zu „beweisen“, daß man ein guter Mensch ist. Aber dieses kompensatorische „Gutsein“ bleibt ohne Lohn – alle Anstrengung und jeglicher Lohn fließen in das Kompensationsverhalten, in den Versuch zu beweisen, daß man kein schlechter Mensch ist.

Betrachte dein Werturteil, denn es liegt im Kern des Problems, an dem du heute arbeitest. Wenn es den Anschein hat, daß verborgene Werturteile daran beteiligt sind, die du vielleicht über dich selbst, über andere und über die betroffene Situation gefällt hast, so nimm dir Zeit, diese Werturteile anzuschauen. Sei bereit, eine andere Wahl zu treffen. Nimm jeglichen Widerstand in dir wahr, da er es ist, der das Problem verdeckt. Eine Wahl, die du treffen könntest, wäre: „Ich lasse diese Situation los und entscheide mich dafür, die Wahrheit zu sehen, damit ich frei sein kann.“ Wenn du frei sein willst, so vergib oder lasse das Urteilen los. Das heißt für dich, all deine Werturteile und dein Angriffsverhalten in die Hände deines Höheren Bewußtseins zu legen. Allerdings bedeutet dies nicht unbedingt, daß alles in der Art und Weise „gehandhabt“ wird, wie du dir das vielleicht wünschst, hingegen werden die Dinge in Wahrheit geschehen, wodurch Befreiung für dich möglich wird.

Wenn du heute diese Karte erhältst, so gib deine Werturteile auf. Indem du anderen vergibst, bekennst du dich zu deiner eigenen Unschuld; indem du dir selbst vergibst, siehst du die Schuldlosigkeit der anderen. Das Loslassen deiner Werturteile ermöglicht es dir, von neuem im Leben voranzuschreiten, und es befreit dich aus dem Käfig, in dem du dich mit dem sprichwörtlichen Gorilla eingesperrt hast.

❖ 5 ❖

ERWARTUNGEN

SCHLÜSSELKONZEPTE: *Forderung, daß das Leben unsere unerfüllten Bedürfnisse befriedigen soll; Perfektionismus; Phantasievorstellungen; Unzufriedenheit; Gefühl der Unzulänglichkeit.*

Erwartungen sind ein Abbild deiner Vorstellungen davon, wie die Dinge sein sollten. Wenn du eine bestimmte Erwartung hast, so wird dich alles, was dieser Erwartung nicht voll und ganz entspricht, frustrieren und enttäuschen. Doch selbst wenn deine Vorstellungen in genau der Art und Weise erfüllt werden, wie du es dir wünschst, wird dies dein inneres Bedürfnis nicht befriedigen. Sobald eine Erwartung erfüllt ist, wirst du noch höhere

Erwartungen schaffen und somit niemals das Gefühl der Zufriedenheit erlangen.

Dies ist ein Erfolgsrezept für Frustration: Jeder Erwartung liegt ein Bedürfnis zugrunde, das zu einem für dein Leben wichtigen Zeitpunkt der Vergangenheit nicht erfüllt wurde. In dem Versuch, diesen Bedürfnissen doch noch irgendwie gerecht zu werden, schaffst du Erwartungen. Selbst wenn jedoch diese Erwartungen bis ins kleinste Detail erfüllt werden, können sie dein ursprüngliches Bedürfnis nicht befriedigen – denn es gehört der Vergangenheit an. Und somit wirst du, wenn jemand etwas von dir fordert, dich entweder weigern, es zu tun, eben weil es eine Forderung ist, oder du wirst sie erfüllen, weil du das Gefühl hast, ein Opfer bringen zu müssen oder einem Zwang ausgesetzt zu sein. Und wenn du von einem anderen Menschen etwas forderst und er vielleicht sogar alles tut, was du willst, geht das gute Gefühl des Empfangens und auch des Gebens verloren, da ihr nicht in Kontakt seid.

Ein Mensch, der bestimmte Erwartungen hat, wird sich dabei ertappen, wie er die Worte *sollen, müssen oder brauchen* benutzt, die allesamt zum Perfektionismus führen (der alles, das nicht perfekt ist, als Fehlschlag ansieht). Dies ist eine Falle, die das Ego einsetzt, um alles von uns Erreichte zu zerstören. Sie führt dazu, daß wir das Gefühl haben, nicht gut genug zu sein, und ganz gleich, was wir tun, verstärkt sie unsere Angst und unser Gefühl der Unzulänglichkeit.

Wie du diese Karte nutzen kannst

Wenn du Karte der Erwartungen bekommst, die die Hauptdynamik für Streß darstellt, so will sie dich auffordern, dir Ziele zu setzen, statt Erwartungen zu hegen. Wenn du dann ein Ziel verfehlst, hast du die Möglichkeit, es zu berichtigen und dir neue Ziele setzen. Wenn du hingegen einer Erwartung nicht entsprichst, so neigst du dazu, dich dafür auch noch selbst zu bestrafen und immer höhere Erwartungen an dich zu stellen.

Wenn du diese Karte erhältst, so schaue auf die Erwartungen, die du an dich stellst und damit unweigerlich auch auf die Menschen in deinem Umfeld überträgst. Jede Erwartung, die du an einen anderen Menschen stellst, beruht auf etwas, das *du* nicht gibst. Wenn du beispielsweise von einem geliebten Menschen *erwartest*, geliebt zu werden, so liegt das daran, daß *du* dich selbst oder ihn nicht genug liebst. Wäre dies der Fall, so würdest du dir einfach nur *wünschen*, geliebt zu werden, und den anderen ermutigen, dies zu tun, statt es zu fordern und zu erwarten. Eine solche Haltung führt ganz von selbst zum Erfolg.

Du bist aufgefordert, dich an der Wirklichkeit, die dich umgibt, zu erfreuen und deine Phantasievorstellungen loszulassen. Phantasien führen zur Abspaltung, indem sie zwischen dir und deinen Mitmenschen Distanz schaffen; wenn wir hingegen den Menschen die Hand reichen und uns mit ihnen verbinden, so schaffen wir dadurch Kontakt, Erfolg, Zufriedenheit und Liebe.

❖ 6 ❖

GLAUBENSSÄTZE

SCHLÜSSELKONZEPT: *Starre Gedanken, die aus der Vergangenheit stammen und unsere Welt und unsere Erfahrung schaffen.*

Glaubenssätze sind statisch gewordene (erstarrte, nicht mehr fließende) Gedanken, die unsere Sicht der Dinge und unsere Erfahrungen hervorbringen. Unsere Glaubenssätze formen unser Weltbild. Sie können bewußt oder unterbewußt sein, stets aber nehmen sie Einfluß auf uns. Nichts kann geschehen, ohne daß wir daran glauben. Glaubenssätze können aus sehr positiven oder aus sehr negativen – ja sogar traumatischen – Situationen hervorgehen. Aufgrund bestimmter Ereignisse in unserem Leben kommen wir zu verallgemeinernden Überzeugungen, und diese Glaubenssätze verstärken sich zum gegebenen Zeitpunkt ganz von selbst.

Wenn du der Meinung bist, von einem Elternteil oder einem geliebten Menschen zurückgewiesen worden zu sein, dann wirst du mit der Zeit davon überzeugt sein, daß man dich einfach ablehnen muß. Aufgrund dieses Glaubenssatzes hast du wahrscheinlich Angst, von deiner Familie, deinen Freunden, deinem Arbeitgeber oder deinem Partner zurückgewiesen zu werden, und es ist durchaus möglich, daß du durch eine Reihe von Verhaltensweisen genau dies provozierst:

- Um deine Überzeugung zu kompensieren, gibst du dir möglicherweise allzuviel Mühe, was in der Regel eine gewisse Unattraktivität nach sich zieht und dazu führt, daß du tatsächlich zurückgewiesen wirst.
- Du versuchst vielleicht, ganz „cool" zu erscheinen und so zu tun, als hättest du alles unter Kontrolle, als wäre dir alles egal, was ebenfalls sehr abstoßend wirken und andere auf Distanz halten kann.
- Oder du gibst dir vielleicht überhaupt keine Mühe, da du ja der Überzeugung bist, daß du so oder so keinen Erfolg haben wirst, und genau dadurch verstärkt sich das Gefühl, abgelehnt zu werden, obwohl du nicht einmal einen Versuch unternommen hast.

Wie du diese Karte nutzen kannst

Wenn du diese Karte erhältst, so will sie dich auffordern, eine neue Wahl zu treffen, um dich von alten Glaubenssätzen frei zu machen. Jedes Mal, wenn wir einen negativen Glaubenssatz loslassen und uns für einen positiven entscheiden, kann eine neue Schicht positiver Offenheit und des Erfolges ans Licht treten. In bestimmten Bereichen – wie der Liebe, Beziehungen, Gesundheit, Sex, Geld, das Verhältnis von Mann und Frau – können wir unzählige Glaubenssätze haben.

- Wenn du dir deiner Überzeugungen bewußt bist, so kannst du dir einfach sagen: „Ich will diese Überzeugung nicht mehr. Ich entscheide mich jetzt für ____“.
- Wenn es sich um einen eher unterbewußten Glaubenssatz handelt, so frage einfach: „Welcher Glaubenssatz in bezug auf meine eigene Person könnte zu dieser Situation geführt haben? In bezug auf das Leben glaube ich wahrscheinlich, daß ____. In bezug auf die Liebe, Beziehungen etc. glaube ich wahrscheinlich, daß ____. In bezug auf Männer beziehungsweise Frauen glaube ich wahrscheinlich, daß ____.“
- Wenn du der Überzeugung bist, es gäbe etwas, das du tun mußt, so wird es durch dieses „Müssen“ zu einer Erwartung oder Forderung, selbst wenn es sich dabei um etwas Positives handelt. Eine solche Erwartung führt dich entweder in eine Opferhaltung hinein, oder sie hat den gegenteiligen Effekt, daß du dich weigerst, eben weil du es von dir selbst forderst.

Diese Welt ist eine Welt der Glaubenssätze, und unsere Entwicklung führt uns zu immer höheren Überzeugungen, bis wir zu jenem Punkt gelangen, an dem wir Glaubenssätze und Gedanken gänzlich hinter uns lassen und den Himmel auf Erden finden.

❖ 7 ❖

VERBORGENES SELBST

SCHLÜSSELKONZEPT: *Eine unterbewußte Persönlichkeit, deren Zielsetzung häufig von der unseres bewußten Geistes abweicht.*

In unserem Geist wohnen Hunderte von Persönlichkeiten, und jede einzelne dieser Persönlichkeiten hat ihre eigene Zielsetzung, ihre eigene Denkweise und Logik und ist der Meinung, das Glück sei in einer anderen Richtung zu finden. Das Verborgene Selbst stellt einen unterbewußten Teil des Geistes dar, der in eine andere Richtung strebt als unser bewußter Geist. Es ist ein Teil unseres Geistes, der zwar zumeist der Meinung ist, er stehe der Gesamtpersönlichkeit hilfreich zur Seite, dessen Strategie jedoch ineffizient und häufig destruktiv ist.

Wie du diese Karte nutzen kannst

Wenn du diese Karte gezogen hast, ist es wichtig für dich, dein Verborgenes Selbst kennenzulernen, seine Aufgabe herauszufinden und ihm zu größerer Effektivität zu verhelfen. Diese Karte fordert dich auf, einen Teil von dir zu entdecken und zu integrieren, der sich sehr stark von dem unterscheidet, was dir in deinem bewußten Geist bekannt ist. Es ist keineswegs ungewöhnlich, daß sich ein dreijähriges Selbst in uns versteckt, das vielleicht sogar ganz hohe Ziele (oder Aufgaben) hat, bei deren Umsetzung es sich jedoch extrem ungeschickt anstellt. Es kann auch sein, daß ein solches Selbst innerhalb der Familie von einer Generation zur nächsten weitergegeben wurde (siehe Karte 17, Ahnenproblem).

Wenn du dein Verborgenes Selbst finden willst, stelle dir vor, daß dein bewußter Geist eine Pause macht, und entspanne dich ganz einfach. Frage dich nach dem Namen dieser verborgenen Persönlichkeit und achte auf das, was dir in den Sinn kommt. Manche Menschen finden ihr Verborgenes Selbst durch Intuition oder in der Meditation. Andere bringen es am besten durch Traumarbeit ans Tageslicht. Du könntest dies etwa dadurch erreichen, daß du vor dem Einschlafen deinen Geist entsprechend programmierst und dein Verborgenes Selbst bittest, sich dir zu offenbaren. Triff einfach die Wahl, daß es sich dir in einem Traum zeigen möge.

Ganz gleich, mit welcher Methode du arbeitest, frage dein Verborgenes Selbst, sobald du mit ihm in Kontakt trittst, wie alt es ist und wie lange es dich schon begleitet. Vertraue einfach auf deine Intuition oder die Vermutungen, die in dir hochsteigen. Wenn du dann dein Verborgenes Selbst besser kennenlernst, frage es nach seiner Lebensaufgabe und habe keine Angst davor, es in ein „Gespräch“ zu verwickeln oder nach seinen Beweggründen zu fragen. Einem Verborgenen Selbst kannst du am besten dadurch zu Erfolg verhelfen, daß du es in deine Gesamtpersönlichkeit integrierst. Spüre einfach, wie es mit deinem allgemeinen Bewußtsein verschmilzt und sich mit ihm verbindet, so daß die beiden Energien zu einer einzigen Energie werden und auf ein gemeinsames Gesamtziel ausgerichtet sind. Auf diese Art und Weise wird dein Verborgenes Selbst, sobald es sich mit dir verbunden hat und mit dir zusammenarbeitet, seinen Beitrag in Wahrheit erfüllen. Statt zwei unterschiedliche Ziele zu haben, ist dann das wahre Ziel deines Verborgenen Selbst in dein eigenes Ziel integriert, und du wirst dich ausdehnen und mehr bewirken.

Zur Veranschaulichung:

- Bevor du es integrierst, frage dein Verborgenes Selbst: „Wenn ich so weitermache, wie werden die Dinge dann in drei Monaten aussehen? ... in sechs Monaten? ... in einem Jahr?“ In der Regel wird sich die Lage bis dahin verschlechtert haben, manchmal sogar ganz erheblich.
- Bitte dann dein Verborgenes Selbst, mit dir zu verschmelzen. Schaue dir an, wie erfolgreich die Dinge dann in drei Monaten, in sechs Monaten und in einem Jahr sind. Zu jedem Zeitpunkt wird dir mehr Erfolg beschert sein.

Unter gewissen Umständen wirst du ein Verborgenes Selbst finden, dessen scheinbare Absicht die Selbstzerstörung ist. Das bedeutet ganz einfach, daß das Verborgene Selbst mit seiner *wahren* Lebensaufgabe nicht vollkommen in Kontakt ist und seine Strategie zur Erfüllung dieser wahren Aufgabe in die falsche Richtung geht. Frage in einem solchen Fall dein Verborgenes Selbst einfach so lange nach seiner *wahren* Lebensaufgabe, bis du auf den darunterliegenden Grund stößt – es könnte sich um Selbstschutz handeln, um den Versuch, dem Schmerz ein Ende zu setzen oder das Verborgene Selbst vor Schaden zu bewahren beziehungsweise zu verhindern, daß es anderen Schaden zufügt etc. Wenn darin seine Hauptaufgabe besteht, so wurde die Strategie der Selbstzerstörung falsch angewendet, übertrieben und ist fehl am Platze.

Wird das Verborgene Selbst in die bewußte Identität integriert, so führt dies zu einer positiven Re-Integration aller Energien, einer effizienteren Erfüllung der wahren Lebensaufgabe, einem Ende von Konfliktsituationen und Zwangslagen und einer „Impfung“ gegen zukünftige negative Erfahrungen wie sie das Verborgene Selbst hervorbrachte.

❖ 8 ❖

TODESSEHNSUCHT

SCHLÜSSELKONZEPTE: *Überdruß; Ausgebranntsein; großer Schmerz; „Warum-Weitermachen?"-Gefühl; verborgene Chance einer Neugeburt.*

Grundsätzlich gibt es zwei Formen des Todes. Die eine ist das unumgängliche Entschlafen am Lebensende, das leicht und friedvoll ist – wie das Wechseln der Kleidung. Die zweite Form ist die (entweder tatsächliche oder symbolische) Todessehnsucht, die eine Reaktion auf Enttäuschungen darstellt, ein Ringen mit dem Leben oder ein Verwünschen des Lebens. Diese Todesform wird zu einer Art Machtkampf, in dem du bewußt oder unterbewußt zur Selbstzerstörung getrieben wirst. Du hast das Gefühl, allein der Tod könne deinem Schmerz oder der von dir erfahrenen Erschöpfung wirklich ein Ende setzen. Tatsächlich aber stellt deine Todessehnsucht eine Gelegenheit dar, deine Lebensumstände genauer zu betrachten und eine Neugeburt zu erfahren, auch wenn du aufgrund des Konfliktes, in dem du dich befindest, *denken* magst, es gäbe keinen Ausweg. In Wirklichkeit gibt es viele Auswege, und du bist aufgefordert, die Bereitschaft zur Veränderung aufzubringen und eine Neugeburt in deinem Leben zu erfahren.

Konflikte entstehen, wenn zwei Teile deines Bewußtseins in eine jeweils andere Richtung gehen. Vielleicht ist ein Teil deines Bewußtseins auf einen Menschen, eine Gruppe oder eine Situation außerhalb deiner selbst projiziert. Der andere Teil deines Geistes, derjenige mit dem du dich identifizierst, fühlt sich festgefahren. Dies kann sich zu einer unerträglichen Situation entwickeln – aber nur deshalb, weil du nicht bereit bist, etwas loszulassen und dich zu verändern. Darum liegt der Schlüssel zu einem Ausweg aus deiner Lage in der Bereitschaft, eine Neugeburt in deinem Leben zuzulassen. Sie wird dadurch möglich, daß du wahrhaft das Leben *wählst*. Diese Neugeburt bedeutet, dankbar anzuerkennen, daß das Leben erneut beginnen kann (jedem Winter folgt ein Frühling), doch du mußt bereit sein, diese Erfahrung zu machen. Wenn du dich im Angesicht einer Todessehnsucht befindest, so sind Bereitwilligkeit, Loslassen, Wahl, Neugeburt, Vergebung und Selbstvergebung die heilenden Schlüsselkonzepte. Durch deine Bereitwilligkeit und dadurch, daß du dein Höheres Bewußtsein um Hilfe bittest, kann die Neugeburt leicht und sanft erfolgen.

Wie du diese Karte nutzen kannst

Wenn du diese Karte erhältst und es dir nicht bewußt ist, eine Todessehnsucht durchlebt zu haben, so frage dich, ob du Verlustgefühle, den Kummer eines gebrochenen Herzens, Schuld, Enttäuschung, Machtkampf, Erschöpfung, Ausgebranntsein, Verdruß, körperlichen und/oder seelischen Schmerz, Wert- und Sinnlosigkeit in dir spürst. Dies sind die Kategorien, die im allgemeinen dazu führen, daß Menschen sich nach dem Tode sehnen. Stelle dir vor, du könntest der ganzen Welt helfen und Zeit, Geld und Leid sparen, indem du dich für eine Neugeburt statt für den Tod entscheidest. Sei bereit, dir und deiner Situation eine vielleicht sogar drastische Veränderung zu erlauben. Vergiß nicht, daß selbst „unmögliche Situationen" durch ein Wunder gelöst werden können. Deine Neugeburt ist nur so weit entfernt wie deine aufrichtige Entscheidung zu ihren Gunsten.

Die Beziehungs-Karten

ORANGE

Die Beziehungs-Karten basieren auf den Beziehungsfallen, die üblicherweise aus vorhandenen Familienmustern und Familienfallen hervorgehen. Diese Familienfallen entspringen wiederum den Fallen unserer Seele, die in den Karten des Unbewußten Ausdruck finden. Die Beziehungs-Karten lassen sich einsetzen, um Beziehungs- oder Familienprobleme aufzuarbeiten. Sie beschreiben die Muster, die unsere Niederlage in zwischenmenschlichen Beziehungen herbeiführen und uns zum Opfer werden lassen.

❖ 9 ❖

Bedürftigkeit

SCHLÜSSELKONZEPT: *Abhängigkeit, die aus der Kompensation unbetrauerter Verluste entstanden ist, verbunden mit der Unfähigkeit zu empfangen.*

Bedürftigkeit ist die Abhängigkeit von einem anderen Menschen, von dem wir unsere Rettung erwarten. Wir betrachten den anderen als jemanden, der unsere Bedürfnisse erfüllen und uns somit glücklich machen soll. Abhängigkeit ist eine Schlüsselrolle, die wir spielen, um einen unverarbeiteten Verlust zu kompensieren. Je abhängiger wir sind, desto wahrscheinlicher ist es, daß wir Manipulation, insbesondere gefühlsmäßige Erpressung, einsetzen, um dadurch, daß wir uns verletzt oder traurig fühlen oder ein langes Gesicht machen, zu erreichen, daß man sich um uns kümmert und uns liebt. Bedürftigkeit bringt uns häufig dazu, Gefühle als Waffe einzusetzen. Dieser Weg kann jedoch nicht zum Erfolg führen, denn je abhängiger wir sind, desto mehr werden wir zu einer Last für andere und desto unattraktiver werden wir. Abhängigkeit ist selbstbezogen. Wir beurteilen andere nur danach, wie sie unsere eigenen Bedürfnisse erfüllen können. Abhängigkeit versucht zu nehmen oder zu bekommen, ist aber unfähig zu empfangen. Du fühlst dich vielleicht *vorübergehend* wirklich gut, wenn deine Bedürfnisse erfüllt werden, aber sobald dies nicht der Fall ist, fühlst du dich wie erschlagen. Somit wirst du die Liebe eines anderen Menschen daran messen, inwieweit er deine Bedürfnisse erfüllt. In Wahrheit *können* wir auch von Menschen geliebt werden, die unsere Bedürfnisse vielleicht nicht unbedingt erfüllen.

Wie du diese Karte nutzen kannst

Wenn du heute diese Karte erhältst, so will sie dich auffordern, Verantwortung für deine Gefühle und dein Leben zu übernehmen. Sei dir bewußt, daß du in dieser Position der Abhängigkeit selbst die Weichen für ein gebrochenes Herz stellst. Auf einer bestimmten Ebene versuchst du, einen anderen Menschen an dich zu fesseln, wozu du, wenn du ihn wirklich liebst, gar nicht in der Lage bist. Wenn schmerzvolle Gefühle in dir sind, so gehe durch sie hindurch bis sie sich in positive Gefühle verwandeln, ja verstärke sie sogar, um den Prozeß zu beschleunigen. Wenn du bereit bist, eine solche Situation zu verändern, dann sei dir bewußt, daß es sich um einen wichtigen Hinweis auf abhängiges Verhalten deinerseits handelt, wenn sich die Menschen von dir zu entfernen scheinen. Du kannst schnell durch diese Angelegenheit hindurchgehen, indem du diese Bedürfnisse durch Vergebung oder Anwendung des Führungs-Prinzips losläßt: „Wenn ich leide, dann gibt es auch einen Menschen, der noch dringender der Hilfe bedarf als ich. Wer ist dieser Mensch?“ Wenn die Antwort kommt, dann gehe durch deinen Schmerz hindurch, um diesem Menschen beizustehen. Eine ganze Lage seines Schmerzes – und deines eigenen Schmerzes – wird abfallen, und du wirst wieder im Fluß sein. Liebe nimmt niemanden gefangen. Sie will nicht versklaven, um dir eine sichere Quelle für die Erfüllung deiner Bedürfnisse zu bieten. Liebe gewährt Freiheit.

❖ 10 ❖
Gebrochenes Herz

SCHLÜSSELKONZEPTE: *Ablehnung (mangelnde Bereitschaft, etwas anzunehmen); emotionale Wut und Erpressung.*

Ein großer Herzenskummer oder Treuebruch kann die Wiederholung eines Kummers sein, dessen Wurzeln in der Vergangenheit, oftmals in der Kindheit, liegen, als du dich von einem geliebten Menschen, deinen Eltern, dem Leben oder von Gott verraten oder zurückgewiesen fühltest. Abgelehnt zu werden, ist jedoch eigentlich eine Form der Projektion; es ist eine Wahl, die wir (vielleicht nur im Bruchteil einer Sekunde) getroffen haben, einen anderen Menschen zurückzuweisen. Wenn aber der andere nicht das tut, was wir wollen, und wenn er es nicht in der von uns gewünschten Art und Weise tut, haben wir den Eindruck, daß er *uns* ablehnt, da wir sein Handeln mit seiner Liebe zu uns gleichsetzen.

Ein gebrochenes Herz liegt in etwas begründet, das wir nicht annehmen wollen. Wir weigern uns zu akzeptieren, daß der andere unsere Bedürfnisse nicht erfüllen wird. Ein gebrochenes Herz stellt somit eine Art Macht- oder Konkurrenzkampf dar, der aus unserem Versuch entsteht, die Befriedigung unserer Bedürfnisse zu erreichen. Wir können es auch als Mittel der emotionalen Erpressung oder Manipulation einsetzen, um dadurch andere zu veranlassen, in der von uns gewünschten Art und Weise auf uns zu reagieren. Bleibt die gewünschte Reaktion aus, so bricht uns das Herz vor Kummer über das, was wir einfach nicht akzeptieren wollen. Wir lehnen die anderen ab, weil sie sich nicht um uns sorgen oder es nicht auf *unsere* Art und Weise tun, um *unsere* Bedürfnisse zu erfüllen.

Du kannst dich nur verletzt fühlen, wenn du von einem anderen Menschen etwas erwartest und es dir verweigert wird. Dir wird nur dann das

Herz brechen, wenn du, um die Erfüllung deiner Bedürfnisse zu erzwingen, nur gibst, um zu nehmen oder um unter dem Deckmantel des Gebens etwas zu erhalten. Und genau *dieses* Verhalten führt dazu, daß man dich beiseite schiebt.

Wie du diese Karte nutzen kannst

Wenn du heute diese Karte erhältst, so will sie dich auffordern, darauf zu achten, wo sich deine Bedürfnisse störend auf deine Beziehungen auswirken. Diese Bedürfnisse sind nicht gleichbedeutend mit deiner Liebe. Wenn es den Anschein hat, daß dein Partner sich in einer für dich schmerzlichen Art und Weise von dir entfernt, dann überlege, was es sein könnte, das du ihm zu nehmen versuchst. Denke darüber nach, ob es etwas oder jemanden, vielleicht auch eine bestimmte Situation, gibt, die du nicht annehmen willst, da du bisher mehr Wert auf Kontrolle als auf das Annehmen gelegt hast. Je mehr wir etwas ablehnen, desto mehr schmerzt es uns. Was wir jedoch heute verstehen, annehmen, vergeben und loslassen, *kann* uns befreien.

Heute hast du die Gelegenheit, nicht nur den Schmerz zu heilen, sondern auch das dem Kummer zugrundeliegende Muster – sofern du dich dafür entscheidest. Wenn du diese Lektion lernst, erfährst du eine ganz neue Ebene der Reife und der Zuversicht, und deinen Beziehungen wird ganz sicher mehr Erfolg beschert sein.

❖ 11 ❖
AUFOPFERUNG

SCHLÜSSELKONZEPTE: *Kompensatorische Wiedergutmachung von Schuld; Geben, ohne zu empfangen; versteckter Wettbewerb; Angst vor Nähe.*

Aufopferung beruht auf einer Überzeugung, daß wir wertlos sind, was wiederum direkt von Schuldgefühlen herrührt. Unser Opferverhalten ist eine Form der Selbstversklavung, da wir aufgehört haben, uns selbst zu lieben. Und so geben wir, ohne zu empfangen, und bald fehlt uns jegliche Energie. Das führt zu Erschöpfung und Ausgebranntsein. Aufopferung ist ein grundlegender Verteidigungsmechanismus gegenüber einem Verlust, den wir erlitten, aber niemals verarbeitet haben. Um diesen Gefühlen zu entgehen, helfen wir anderen und sorgen durch diese Abwehrmaßnahme dafür, daß wir uns nicht mit unserem eigenen Schmerz beschäftigen müssen.

Aufopferung hat auch mit unserem Ärger zu tun, den wir anderen gegenüber hegen, weil sie uns im Stich gelassen haben, und mit unserer jetzigen Vorstellung davon, wie sie ihre Rolle zu erfüllen haben. Tatsächlich jedoch verbirgt sich hinter unserem Ärger die Überzeugung, ihnen gegenüber versagt zu haben. Aufopferung ist dann ein Versuch, diese vermeintliche Schuld wiedergutzumachen. Es ist diese bereits in der Kindheit beginnende Dynamik, die zur Entstehung jener Familienmuster führt, die wir in unsere gegenwärtigen Beziehungen und unsere Lebensgestaltung einbringen. In der Tat wird Aufopferung zumeist durch Familienmuster hervorgerufen. Manche Menschen opfern sich auf in dem Versuch, die Familie zu retten (Märtyrer-Rolle). Doch dieses Verhalten wird niemals Erfolg bringen, da wir eigentlich die Familie dazu benutzen, uns selbst zurückzuhalten. Diese Art „unwahren Helfens" wird zu einer Form der Befähigung, die auf einer heimlichen Angst beruht, den Menschen, denen wir helfen, könne es durch unsere Hilfe tatsächlich besser gehen. Denn dies würde ja bedeuten, daß der „unwahre Helfer" ebenfalls aufgefordert wäre, voranzuschreiten. Somit wird unsere Aufopferung zu einem Schutzwall, der uns vor Intimität und dem nächsten Schritt bewahren soll.

Wenn du dich in einer Opferhaltung befindest, dann bist du mit dem anderen „verschmolzen" und weißt nicht mehr, wo die Grenzen zwischen dir und den Menschen liegen, zu deren Sklaven du dich gemacht hast. In einer solchen Beziehung verwischter Persönlichkeitsgrenzen wirst du dich entweder über den anderen stellen – in dem Sinne, daß du das Gefühl hast, ihn mittragen zu müssen – oder du ordnest dich ihm unter, weil du das Gefühl hast, dein eigenes Leben aufgeben zu müssen, um Liebe und Anerkennung zu erhalten. In beiden Fällen hat derjenige, der sich aufopfert, Angst vor einer gleichberechtigten Beziehung und vor menschlicher Nähe. Ganz gleich, ob du scheinbar über oder unter dem anderen stehst, immer hast du ein verborgenes Werturteil über den Menschen gefällt, für den du dich aufopferst. Wenn du glaubst, über ihm zu stehen, fühlst du dich stärker als er; wenn du meinst, unter ihm zu stehen, so fühlst du dich ihm moralisch überlegen. Somit nährt Aufopferung eigentlich den Konkurrenzkampf, der wiederum zu Entzweiung, zu Trennung und Angst führt.

Wie du diese Karte nutzen kannst

Wenn du heute diese Karte erhältst, so bist du aufgefordert, die Bereiche anzuschauen, in denen dir kein Empfangen vergönnt ist, denn sie sind ein sicheres Zeichen dafür, daß du dich auf die eine oder andere Art und Weise aufopferst. Die Tücke der Aufopferung liegt darin, daß sie alles schwierig und zu einer Last werden läßt, zum Teil deshalb, weil wir uns normalerweise aus Liebe für den anderen aufopfern, während wir uns selbst abwerten. Dadurch verlieren wir sowohl in unseren eigenen als auch in den Augen der anderen an Attraktivität.

Wer ist der Mensch, für den du dich aufopferst? Welche Last trägst du, die nicht zu dir gehört und die du benutzt, um etwas zu umgehen, insbesondere Intimität? Aufopferung ist ein Mittel, um den Kontakt, der zum Erfolg führt, zu vermeiden. Wenn du dich aufopferst, kannst du noch so hart arbeiten und noch so viele Dinge tun, doch der Erfolg wird ausbleiben, da du *dich selbst* nicht einbringst. Heute bist du aufgefordert, ehrlich zu dir selbst zu sein. Schon Polonius sagte in Shakespeares Hamlet[1]: „Sei dir selber treu, und daraus folgt, so wie die Nacht dem Tage, du kannst nicht falsch sein gegen irgendwen." Wenn du dich selbst befreist, wirst du andere befreien. Wenn du in Wahrheit lebst, können auch andere ein wahrhaftes und authentisches Leben führen.

❖ 12 ❖
UNABHÄNGIGKEIT

SCHLÜSSELKONZEPTE: *Angst vor Gefühlen, vor dem Empfangen oder vor verbindlichem Engagement; Kompensation alter emotionaler Versklavung.*

Unabhängigkeit (als ungeheilte Reaktion auf ein gebrochenes Herz und Eifersucht) ist eine unserer drei Hauptrollen. Mit dieser Rolle wollen wir einen schmerzlichen Zustand des Kummers, der Eifersucht, der Aufopferung oder des Verlustes kompensieren. Je unabhängiger wir sind, desto größer ist unsere Angst vor Intimität und vor der verwundbaren Position des Empfangenden, denn diese würde die alten schmerzlichen Gefühle wieder aufsteigen lassen. Diese Rolle ist ein Versuch, sich von schmerzlichen Gefühlen zu trennen. Unglücklicherweise aber nimmt sie uns alle Empfindungsfähigkeit und läßt uns nicht einmal die positiven Gefühle und das Potential des Empfangens fühlen. So entspricht das Ausmaß unserer Unabhängigkeit dem Ausmaß unseres Kummers und unserer Aufopferung, die noch immer darauf warten, von uns geheilt zu werden.

Im Kern der Unabhängigkeit liegen mangelnde Verbundenheit und fehlendes Engagement für andere. Unabhängige Menschen neigen dazu, sich selbst und anderen gegenüber hart zu sein. Zum einen besteht das Problem

---

1 Anmerkung d. Übersetzerin – Die Übersetzung des Zitates wurde übernommen aus: William Shakespeare – Hamlet, deutsche Übersetzung von August Wilhelm Schlegel, 1. Aufzug, 3. Szene, S. 20, Stuttgart: Philipp Reclam jun. GmbH & Co., 1969, 1990

in der Überzeugung dieser Menschen, daß „ich das schon selbst tun muß, wenn die Angelegenheit ordentlich erledigt werden soll." Zum anderen liegt das Problem darin, daß ein solches Verhalten zur Aufopferung, zum Geben ohne Empfangen führt, zu einer Rolle, in der wir unser wahres Selbst nicht geben. Da unabhängige Menschen Angst vor menschlicher Nähe und dem Empfangen haben, werden sie versuchen, entweder tatsächlich oder gefühlsmäßig vor Situationen davonzulaufen, um auf diese Art das Problem zu „lösen". Dies kann sich in einer stoischen Haltung oder in einer Trennung zeigen.

Ein weiterer, ganz wichtiger Aspekt der Unabhängigkeit ist die Art und Weise, in der man diskret (vielleicht auch weniger diskret) die Beziehung zu einem Wettbewerb werden läßt. Es kann sich um einen versteckten Wettkampf handeln, im Laufe dessen wir einfach so gut werden, daß es niemand mehr wagt, sich mit uns zu messen, oder wir werden so gut, daß wir eine desinteressierte „Warum-überhaupt-noch-mit-anderen-wetteifern"-Haltung zur Schau stellen. Aus psychologischer Sicht ist Wettkampf eine Form der Vermeidung, die *alle* Betonung auf das Gewinnen legt. Dies kann sich sehr zerstörerisch auf eine Beziehung auswirken, da dem Wettbewerb die Absicht zugrunde liegt, den nächsten wahren Schritt nach vorne zu vermeiden (oder von ihm abzulenken).

Wie du diese Karte nutzen kannst

Wenn du heute diese Karte erhältst, dann ist dies eine Aufforderung an dich, dir anzuschauen, wie deine fehlende Verbindung zu dir selbst und zu anderen (deine Trennung und/oder Wettbewerb) zu dem Problem oder Thema geführt hat, das jetzt für dich ansteht. Erfolg in diesem Bereich bedeutet eine neue Ebene der Verbindung mit anderen. Er wird deine Bereitwilligkeit widerspiegeln, keine Angst vor schmerzlichen Gefühlen, vor deinen eigenen Bedürfnissen und den Bedürfnissen der anderen zu haben, sowie deine Bereitschaft, selbst den verborgenen Gefühlen so lange nachzuspüren, bis sie sich in positive Gefühle verwandeln.

Du bist aufgefordert, das erneut in Besitz zu nehmen, was du dir so lange verweigert und auf andere projiziert hast; zu lernen, deine Bedürfnisse und Gefühle anzunehmen, damit du sie auch bei anderen akzeptieren und auf sie reagieren kannst, ohne gleich davonzulaufen. Der Schritt heraus aus der Unabhängigkeit hin zu wahrer, echter Partnerschaft jenseits von Ab- und Unabhängigkeit, läßt Gefühle der Spaltung, des Machtkampfes und der Erstarrung aus Beziehungen schwinden und führt dich zu einem erfüllten Leben, das durch Intimität und Verbindung entsteht.

❖ 13 ❖
FESTHALTEN

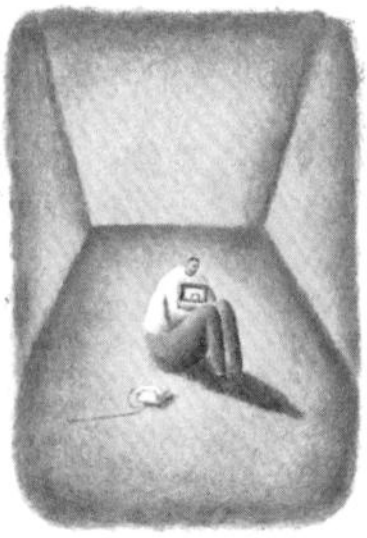

SCHLÜSSELKONZEPTE: *Anhaftung an alte Bedürfnisse; Angst vor dem Voranschreiten.*

Festhalten ist ein Versuch, die Erfüllung von Bedürfnissen aus der Vergangenheit in unserer momentanen Lebenssituation zu erlangen. Es ist jedoch unwahrscheinlich, daß die jeweilige Situation oder der betroffene Mensch diese Bedürfnisse erfüllen wird, was uns in der Gegenwart vom Empfangen abhält. Der Geist glaubt das, was er für wahr hält und verleitet uns zu denken, daß wir tatsächlich den Menschen oder die Eigenschaft aus der Vergangenheit besitzen, an der wir festhalten. Wenn du in deinem jetzigen Leben etwas vermißt, so ist das ein sicheres Zeichen dafür, daß du an etwas Vergangenem festhältst. Wo immer du in der Vergangenheit diese Eigenschaft besessen hast – dich aber geweigert hast, sie loszulassen – du wirst sie in der Gegenwart nicht haben. Festhalten ist eine Form der Wut, ein Mittel, das Voranschreiten so lange zu verweigern, bis du deinen Willen bekommst. Dadurch wenden wir uns von einem Weg ab, der zum Leben führt, und hin zu einem Weg in Richtung Tod.

Die meisten Menschen verwechseln Festhalten mit Liebe, aber Festhalten hat eher etwas mit der Erfüllung der eigenen Bedürfnisse zu tun. Während wir nach dem Verlust eines Menschen oder einer Sache durch einen natürlichen Trauerprozeß hindurchgehen, handelt es sich beim Festhalten eher um ein Simulieren der Trauer. Je mehr du festhältst, desto unattraktiver wirst du und desto mehr stößt du den Menschen ab, an dem du festhältst (irgendwann wird der andere erkennen, daß deine „Liebe" nichts mit ihm, sondern nur mit der Erfüllung deiner Bedürfnisse zu tun hat). Paradoxerweise bringt Loslassen deine Attraktivität zurück, es bringt dir neue Kraft und den nächsten Schritt. Es ist jedoch wichtig, daß du dir über den Unterschied zwischen Loslassen und Abweisen (das zur Trennung führt) im klaren bist. Diese Art der Ablehnung heißt Unabhängigkeit und entsteht, wenn du einfach nur einer Sache überdrüssig und ärgerlich bist. Früher oder später wirst du der Bedürftigkeit, der Abhängigkeit und dem Schmerz, die sich unter dem Ärger verbergen, ins Auge blicken müssen.

Wir müssen uns also entscheiden, ob wir weiter festhalten oder lieber Erfolg haben wollen. Wenn du an einem Menschen festhältst, der dich verlassen hat, so wirst du ihn dadurch gänzlich vertreiben. Wenn du ihn hingegen Stück für Stück losläßt (oder auf einmal, wenn du den Mut dazu hast), so wird er wieder Kontakt zu dir aufnehmen. Wenn du in Verbindung bleibst, ohne jedoch zu verhaften, so mußt du einfach erfolgreich sein, wohingegen

Festhalten immer den Erfolg verhindert. Jetzt ist der Zeitpunkt gekommen, eine Wahl zu treffen. Willst du Erfolg, oder willst du weiter festhalten und manipulieren, damit man dir deine Bedürfnisse erfüllt?

Wie du diese Karte nutzen kannst

Wenn du diese Karte erhältst, so bist du aufgefordert, auf das zu schauen, woran du festhältst. Der Erhalt dieser Karte stellt eine Aufforderung an dich dar, loszulassen und dir selbst zu vertrauen. Wenn du losläßt und die Arme ausbreitest, kannst du jetzt empfangen.

Loslassen kann zwar eine besonders schwierige Lektion sein, aber es *kann* leicht und mit Anmut erfolgen. Es gibt verschiedene Arten des Loslassens. Eine Möglichkeit besteht darin, dem Gefühl so lange nachzuspüren, bis alle negativen oder toten Gefühle und Emotionen verschwunden sind und ein positives Gefühl ihren Platz einnimmt. Du kannst sogar das negative Gefühl noch verstärken, um den Prozeß zu beschleunigen. Eine andere Möglichkeit besteht in der Anwendung des heilenden Führungs-Prinzips: „Wenn ich dies erleide, dann gibt es bestimmt einen Menschen, der noch dringender der Hilfe bedarf als ich. Wer ist dieser Mensch?“ Wenn die Antwort auftaucht, dann gehe durch deinen Schmerz hindurch, um auf diesen Menschen einzugehen und ihm beizustehen. Dein Schmerz und der seine, oder zumindest eine Schicht dieses Schmerzes, wird abfallen, und du wirst wieder im Fluß sein. Wenn es viele Schichten des Schmerzes gibt, könntest du einfach weitermachen und auf mehrere Menschen eingehen. Jedesmal, wenn du durch deinen Schmerz hindurchgehst, um einem anderen Menschen Beistand zu leisten und ihn wichtiger als dich selbst zu nehmen, werden weitere Schichten deines Schmerzes abfallen. Diese Methode ist wesentlich wirkungsvoller, als den Schmerz zu vermeiden, ihn zu verneinen oder so zu tun, als könne er dir nichts anhaben.

Loslassen bedeutet, den nächsten Schritt zu tun (das heißt, bereit zu sein, den nächsten Schritt auf dich zukommen zu lassen); es bedeutet zurückzugeben, woran auch immer du festhalten magst; es bedeutet, die Entscheidung zu treffen: „Ich will dies nicht länger dazu benutzen, um mich selbst zurückzuhalten.“ Es bedeutet Vergebung. Es bedeutet ganz einfach, die Verhaftung deinem Höheren Bewußtsein zu übergeben, damit dein Leid enden und dir Erfolg beschert werden kann.

❖ 14 ❖

KONTROLLE

SCHLÜSSELKONZEPTE: *Auf altem Kummer beruhende Verteidigungshaltung; Angst, sich selbst und anderen zu vertrauen.*

Es kommt zur Kontrolle, wenn zwei Teile deines Geistes in eine jeweils andere Richtung gehen wollen. Aufgrund der Angst, der andere Teil könne ganz und gar verlieren, wenn du in einer Richtung vorwärts gehst, kommst du an einen toten Punkt, der dich vom Voranschreiten abhält. In einer solchen Lebensphase kann es sein, daß du dich wie in einer Wüste fühlst, in der du gelegentlich an Oasen kommst. Da die Menschen vor Erfolg ebenso große Angst wie vor Mißerfolg haben, kann Kontrolle vielerlei Erscheinungsformen zeigen. Wenn du wahrhaft Erfolg hast, so folgst du dem Fluß des Lebens, doch dein Ego nennt dies „außer Kontrolle“ sein.

Obwohl wir versuchen, uns selbst und andere zu kontrollieren, damit all unseren Mitmenschen Gutes geschehen möge, beruht dieses Kontrollverhalten in Wahrheit auf Angst. Es ist eine Verteidigungsmaßnahme, ein Versuch, uns zu schützen. Doch die Menschen leisten der Kontrolle gegenüber ganz automatisch Widerstand (wir verweigern uns sogar unserer eigenen Kontrolle). Darum ist es dann keineswegs überraschend, daß es zu einem Machtkampf kommt, wenn wir uns und andere durch Kontrollverhalten zu „schützen“ versuchen, was zu noch größerem Schmerz und Kummer führt. Somit erzeugt Kontrolle wie alle Verteidigungsmaßnahmen genau das, was sie zu verhindern versucht. Als Versuch, deine Sicherheit zu wahren, schränkt sie deinen Horizont ein. Jeder Versuch, dir deinen Partner als Quelle zur Erfüllung deiner Bedürfnisse zu sichern, läßt ihn gleichgültig werden.

Kontrollverhalten läßt Beziehungen zum Machtkampf werden. Wenn wir die Dinge auf unsere Art wollen oder ein Problem schaffen, kann dies ein versteckter Weg sein, für unseren Willen zu kämpfen – eine Form der Wut. In einer Beziehung kann es sein, daß einer der Partner ein Problem hat, das eigentlich ein Versuch ist, den anderen zu manipulieren; wohingegen der andere dann, um sich auf seine Art „zur Wehr“ zu setzen, gleichgültig, unberührt oder unabhängig auftritt.

Wie du diese Karte nutzen kannst

Wenn du heute diese Karte erhältst, so bist du aufgefordert, dich mitzuteilen und zu vertrauen. Laß deine Vorstellungen los, wie die Dinge sein sollten, damit du die *beste Möglichkeit* erkennen kannst, wie sie sein *können.*

Betrachte die Probleme oder sonstigen Themen, die heute anstehen, genauer. Frage dich, wen du durch diese Probleme zu kontrollieren versuchst und wie du möglicherweise Probleme oder Menschen dazu benutzt, dich selbst zu kontrollieren. Diese Karte ist heute eine Aufforderung an dich, beide Seiten des Konfliktes zu integrieren, dessen eine Seite du möglicherweise auf einen anderen Menschen, der dir nun dieses Problem bereitet, projiziert hast.

Du bist aufgefordert, das Risiko einzugehen, dich zu öffnen, dich einzubringen und voranzuschreiten. Vertrauen würde dir die nötige Zuversicht für diesen Schritt geben. Vertrauen in dich selbst und/oder dein Vertrauen auf die Macht des Himmels werden dich mit Leichtigkeit voranführen.

❖ 15 ❖
MACHTKAMPF

SCHLÜSSELKONZEPTE: *Versuch, die Befriedigung der eigenen Bedürfnisse zu erreichen; Widerstand gegenüber anderen; Rechthaberei; Vermeidung des nächsten Schrittes.*

Ein Machtkampf ist ein Versuch, den anderen dazu zu bringen, daß er die Dinge *deinen* Vorstellungen entsprechend erledigt und dadurch deine Bedürfnisse erfüllt. Wenn du den Machtkampf gewinnst und den anderen auf diese Art und Weise benutzen kannst, dann wird er versuchen, erneut die Kontrolle zu erlangen, da er ja spürt, daß er verloren hat. Wenn ein dir nahestehender Mensch einen Machtkampf mit dir verliert, wird er in die Aufopferung hineingehen (siehe Karte 11), eure Beziehung wird darunter leiden, und auch du wirst zum Verlierer und mußt ihn nun mittragen. Wenn also dein Partner (diesen Kampf) verliert, so mußt du die Rechnung bezahlen.

Ein Machtkampf ist ein Versuch, recht zu behalten, weil wir nicht in der Lage sind, zu erkennen, daß die Energien beider Partner und ihr Blick für die Dinge sich gegenseitig ergänzen. Ein Machtkampf ist tatsächlich immer ein Weg in die falsche Richtung, durch den die eigenen Bedürfnisse erfüllt werden sollen (indem du dich auf deinen Partner ausrichtest, statt selbst den nächsten Schritt zu tun). Wenn du dich statt dessen für das Vorangehen entscheidest, wirst du eine neue Ebene des Verstehens erreichen; dann wird dein Partner (dein scheinbarer Gegner) automatisch mit dir auf die nächsthöhere Ebene gelangen. Auf dieser neuen Ebene der Verbundenheit würden euer beider Bedürfnisse erfüllt werden. Dies ist das Prinzip der Partnerschaft: Wenn ein Partner voranschreitet, so profitieren beide davon.

Ein Machtkampf ist die Projektion eines Konfliktes in dir. Entstanden aus Angst und unerfüllten Bedürfnissen, verstärkt er in Wahrheit den inneren Konflikt.

Wie du diese Karte nutzen kannst

Wenn du heute diese Karte erhältst, so fordert sie dich auf, deine fruchtlosen Erfolgsstrategien näher zu betrachten und jetzt voranzuschreiten. Machtkämpfe sind häufig ein Mittel, uns vor altem Kummer zu schützen, tatsächlich aber wird diese Strategie zurückschlagen und den Kummer in gegenwärtigen Situationen in „verkleideter Form“ wieder an die Oberfläche bringen. Jeder Bereich, in dem du erfolglos bist, ist ein Zeichen für einen Machtkampf. In vielen Fällen mag ein solcher Machtkampf verleugnet werden, sich unserem Blick entziehen oder so alt sein, daß wir uns seiner nicht länger bewußt sind. Auf deinen Gegner projizierst du den Teil deines Geistes, den du am heftigsten verleugnest und/oder dessen du dir am wenigsten bewußt bist. Jedes Problem ist eine Art Machtkampf mit einem für dich wichtigen Menschen, der zwar in deinem gegenwärtigen Leben stehen mag, der aber auch einen Menschen aus deiner Vergangenheit widerspiegelt.

Sobald du dir darüber im klaren bist, worum es bei deinem Machtkampf geht, kannst du beginnen, dich mitzuteilen und eine Brücke zur anderen Seite zu schlagen. Du kannst dich mit dem anderen verbinden (dies muß nicht unbedingt heißen, daß du seine Meinung teilst), was in manchen Fällen auch bedeuten kann, sich mit der Energie eines Menschen aus der Vergangenheit zu verbinden. Auch Vergebung und Vertrauen können in Situationen des Machtkampfes sehr hilfreich sein. Erfolg braucht *beide* Energien. Die Auflösung eines Machtkampfes bringt Frieden – dem alle guten Dinge wie Freude, Fülle und Inspiration entspringen.

❖ 16 ❖
ROLLEN

SCHLÜSSELKONZEPTE: *Kompensationsverhalten durch Regeln und Pflichten; Handeln, ohne zu empfangen; unwahres Helfen.*

Das Übernehmen bestimmter Rollen ist die Ursache Nummer eins für das Gefühl des Ausgebranntseins und die zweitwichtigste, zu Streß führende Dynamik. Jede Rolle will in bezug auf dich etwas „beweisen", häufig genau das Gegenteil dessen, was du von dir selbst glaubst. Wenn es in einem Bereich deines Lebens Schwierigkeiten gibt, ist dies ein Zeichen dafür, daß du bestimmte Rollen in deinem Leben spielst, statt in wahrem Kontakt, Kommunikation und Authentizität zu leben.

Hinter jeder Rolle verbergen sich Gefühle der Schuld, der Aufopferung, des Überdrusses und des Feststeckens. Darunter liegen Gefühle des Versagens. Und begraben unter all diesen Gefühlen liegt die Todessehnsucht. Das Gefühl der Leere in unserem Leben ist ein sicheres Zeichen dafür, daß bestimmte Rollen am Werk sind. Die Erstarrung entsteht dadurch, daß wir die Dinge nur „tun", nicht aber uns selbst einbringen. Und so bleiben Empfangen und neue Frische aus.

Rollen sind eine Verteidigungsmaßnahme, um uns selbst vor Gefühlen des Kummers, der Schuld und des Mißerfolgs zu schützen, ja sogar vor dem überwältigenden Gefühl, vor Schmerz sterben zu müssen. Durch eine Rolle wollen wir somit irrige Überzeugungen in bezug auf uns selbst, die uns Schmerz oder Probleme bereiten, kompensieren. Daher stellen wir uns selbst in einer Art und Weise dar, die genau das Gegenteil dieser Überzeugungen ist und uns die Anerkennung der Menschen sichert, die uns wichtig sind. Zuerst geben wir das, was wir wirklich sind, zugunsten einer falschen Überzeugung auf, dann geben wir uns auf, um „gut" (manchmal auch „schlecht") zu sein, und schließlich, um einen „nützlichen", „tatkräftigen" oder „hart arbeitenden" Menschen zu spielen. Das Problem liegt darin, daß bei all diesen Verhaltensweisen der Lohn ausbleibt; er fließt in die Rolle selbst hinein, in den Beweis, ein „guter" Mensch zu sein. Es gibt kein Empfangen, da wir uns selbst in unserem Handeln nicht wahrhaft geben. Daher verschließen wir unsere Augen, verlieren bald unsere Energie und gelangen an einen Ort, wo wir uns alt, ausgelaugt und erschöpft fühlen. Das führt wiederum zu Ausgebranntsein. Eine Rolle bedeutet, das *Richtige* zu tun, aber aus einem *falschen* Grund. Es ist, als würden wir eine Rüstung tragen, die uns eigentlich schützen soll, die tatsächlich aber auch all unsere Nahrung abblockt.

Jeder Mensch spielt bestimmte Rollen. Die drei Hauptrollen sind Abhängigkeit, Unabhängigkeit und Aufopferung, ihnen entspringen alle anderen Rollen. Eine Rolle basiert auf Klagen und dem Gefühl, daß ein anderer Mensch es „dir nicht recht machen" konnte. Eine Rolle kann ein ziemlich gutes Erfolgsrezept sein, jedoch fehlt es an innerer Substanz. Daher kommt sich ein in einer Rolle gefangener Mensch oft wie ein Hochstapler vor.

Wie du diese Karte nutzen kannst

Wenn du heute die Rollen-Karte erhältst, so will sie dich auffordern, auf die Bereiche zu schauen, in denen du die Dinge nach Vorschrift erledigst oder „weil sie von dir erwartet werden", statt sie aus freiem Willen zu tun. Jede Wahl, die du triffst, ermöglicht es dir, dich selbst zu geben und somit auch zu empfangen. Du bist aufgefordert, dein Leben engagiert und in Wahrheit zu leben, wieder im Spiel des Lebens mitzuspielen. Wenn du eine Rolle spielst, gibst du (in den meisten Fällen) allen anderen Spielern ein gutes Blatt, vergißt beim Austeilen der Karten jedoch dich selbst. Vergebung ist ein weiterer Weg, der dich aus dieser Kompensation befreien könnte, die keine Früchte trägt. Eine Rolle wird zu einer Blockade, die verhindert, daß dir Gnade beschert werden kann. Verbindliches Engagement, das heißt, dich selbst voll und ganz zu geben, kann diese Blockade lösen.

Die Karte werfen

Dies ist eine der Erkenntnis-Karten, die in unterschiedlicher Weise interpretiert werden können, je nachdem wie sie beim Werfen fallen. Wenn du diese Karte bei einer Befragung erhältst, dann wirf sie in die Luft (schnipse sie mit Daumen und Mittelfinger von dir weg). Wenn sie mit dem Bild nach unten zu liegen kommt, so zeigt dir dies, daß du in einer bestimmten Familienrolle gefangen bist. Eine solche Rolle hast du wahrscheinlich bereits in der Kindheit übernommen und seither in all deine Beziehungen und alle anderen Lebensbereiche eingebracht. Man unterscheidet fünf wesentliche Familienrollen: *den Helden, den Märtyrer, den Sündenbock, das verlorene Kind und das Maskottchen. Der Held, der Märtyrer und der Sündenbock* sind allesamt Rollen zur Kompensation von Schuldgefühlen. Wer die *Heldenrolle* übernimmt, sucht sein Bestes zu geben, möglichst glänzend dazustehen und ein Star zu sein, um eine Schuld zu kompensieren und die Familie zu retten. Ein *Märtyrer* fristet sein Dasein in Aufopferung und versucht dadurch, die Familie zu retten (dies kann zu Krankheit, Verletzungen, sexuellem Mißbrauch, ja sogar bis zum Tod führen). Der *Sündenbock* versucht der Familie dadurch zu helfen, daß er sich immer wieder in Schwierigkeiten bringt und alles Negative auf sich nimmt. Wer diese Rolle in der Familie spielt, wird von allen anderen als „Pechvogel", als „Unglücksrabe" oder

„schwarzes Schaf" betrachtet. Wenn die Schwierigkeiten einer Familie tiefgreifend genug sind, kann es sogar dazu kommen, daß der Sündenbock mit dem Gesetz in Konflikt gerät, was eigentlich ein Versuch ist, von außen Hilfe für die Familie herbeizurufen. *Das verlorene Kind* und *das Maskottchen* (das wir auch als *Clown, Entertainer oder Charmeur* kennen) sind die Familienrollen, die auf einer Kompensation von Unzulänglichkeitsgefühlen basieren. *Das verlorene Kind* versucht, sich unsichtbar zu machen. Es glaubt, das beste Geschenk, das es der Familie machen könne, sei buchstäblich oder im übertragenen Sinne zu verschwinden. *Das Maskottchen* sorgt ständig für Unterhaltung in der Familie und ist bei allen Familienmitgliedern stets beliebt. Das Maskottchen fühlt sich jedoch selten um seiner selbst willen geliebt, sondern eher dafür, daß es diese Rolle spielt und in der Familie für Unterhaltung sorgt. Je stärker bestimmte Rollen in einer Familie ausgeprägt sind, desto größer sind ihre Schwierigkeiten und desto stärker wird ihr soziales Gefüge gestört sein. Ebenso wie die oben besprochenen allgemeineren Rollen stellen auch Familienrollen Muster eines Gebens dar, das der Fähigkeit des Empfangens entbehrt.

Wenn du die Karte der Familienrollen erhältst, so versuche herauszufinden, welche dieser Rollen dich momentan aufhält. Tatsächlich wirst du jede dieser Rollen schon gespielt haben, auch wenn du dies vielleicht nicht gleich erkennen magst. Du kannst jede der fünf Familienrollen auf ein eigenes Blatt Papier schreiben und dann eines davon ziehen (um zu sehen, welche Wahl dein Unterbewußtsein trifft), vielleicht weißt du aber auch schon, welche Rolle auf dich zutrifft.

Unsere Rollen sind Lebensrezepte, die unserer Aufgeschlossenheit gegenüber anderen und dem Geben und Empfangen unserer Hilfe ein Ende setzen. Bitte heute darum, daß dir die Wahrheit gezeigt werde, damit du authentisch, glücklich, mit Leichtigkeit und in Freiheit leben kannst – sichere Anzeichen dafür, daß du dein Leben nicht in Rollen lebst.

Die Karten des Unbewußten

BLAU

Die Karten des Unbewußten stehen für Fallen und Muster auf seelischer Ebene. Diese spiegeln eine so tiefe Ebene des Geistes mit all seinen Emotionen und Energien wider, daß sie sich zumeist durch Symbole, Metaphern, Mythen und Legenden am besten ausdrücken lassen. Diese könnte man als Geschichten oder Probleme charakterisieren, die zu lernen die Seele auf die Erde kam, sowohl zu ihrem eigenen als auch zum Wohle der Menschheit. Sie können aber auch Muster widerspiegeln, die bereits vor dem gegenwärtigen Leben eines Menschen vorhanden waren und möglicherweise innerhalb der Familie weitergegeben wurden oder von einem vergangenen Leben zeugen.

Wird eine Blockade auf unbewußter Ebene geheilt, so kann dir dies zuweilen ganz einfach ein Gefühl inneren Friedens vermitteln und zu deiner naturgegebenen Zuversicht und deinem Wohlbefinden beitragen. Es können aber auch *entscheidende* Blockaden in allen Bereichen, wie Geld, Gesundheit, Sex, Beziehungen und persönliche Stärke, gelöst werden.

❖ 17 ❖
AHNENPROBLEM

SCHLÜSSELKONZEPT: *Probleme, die über mehrere Generationen hinweg weitergegeben wurden.*

Ein Ahnenproblem ist ein Muster, das innerhalb der Familie eines oder auch beider Elternteile weitergegeben wurde. Adoptivkinder scheinen ebenfalls ein solches Vermächtnis von ihren Adoptiveltern oder ihren eigentlichen Eltern, manchmal auch von beiden, mitzubekommen – selbst wenn sie letztere niemals gekannt haben. Familienmuster können auf einem ursächlichen Trauma beruhen, in den einzelnen Generationen jedoch unterschiedliche Symptome annehmen. Ein solches Muster könnte als Neigung zu Erscheinungen wie Krankheit, geringem Selbstwertgefühl, Entsagung, Beziehungsproblemen und Herzenskummer auftreten oder sogar zum Tode führen. Als ererbtes Problem existiert es bereits zum Zeitpunkt unserer Geburt, da es ja innerhalb der Familie weitergegeben wurde (genauso gibt es auch von Generation zu Generation vererbte Familiengeschenke). Ein Ahnenproblem oder Familienmuster kann eine ganz wesentliche Ursache für die Entstehung von Problemen im Leben eines Menschen sein.

Wie du diese Karte nutzen kannst

Wenn du diese Karte erhältst, dann ist dies eine Aufforderung an dich, dein Problem als ein Thema zu betrachten, das dich bereits seit dem Zeitpunkt deiner Empfängnis begleitet. Ist es ein Glaubenssystem, das du geerbt hast, so kannst du jetzt die Wahl treffen, dieses Problem zu lösen. Neben der Möglichkeit, eine Heilungs-, Gaben- oder Gnade-Karte zu ziehen, um diese Angelegenheit jetzt aufzulösen (oder dein Höheres Bewußtsein zu bitten, das Problem zu heilen), möchte ich dir hier zwei Heilmethoden vorstellen, die du verwenden kannst, um durch ein Ahnenproblem hindurchzugehen.

Die erste, äußerst effektive Technik (nach der „Timeline-Therapie" von Tad James) besteht darin, dir vorzustellen, daß du oberhalb deines Körpers schwebst. Blicke nun hinunter auf das Problem, das du derzeit erfährst, und stelle es dir als eine Farbe vor. Schaue dann hinter dich, um zu sehen, wie diese Farbe durch die Zeitlinie der Familie hindurchfließt, bis sie den jetzigen Moment erreicht. Verfolge dann diese Farbe zurück durch dein eigenes Leben, zurück durch das Leben desjenigen Elternteils, von dem du das Problem geerbt hast, und gehe dann weiter zurück entlang der Zeitlinie seiner Vorfahren, bis du zu der Generation gelangst, die ursprünglich an der Entstehung des Problems beteiligt war. Gehe nun noch weiter zurück, bis du zu einem Ort kommst, von dem aus du, wenn du auf die Zeitlinie deiner Vorfahren hinunterschaust, ein wunderbar farbiges Licht erblickst. Schwebe hinunter, hinein in diese Zeitlinie und dieses wunderschöne Licht, und nimm es mit entlang der Zeitlinie und entlang der ganzen Generationslinie, bis sie ganz von diesem Licht erfüllt ist – und die Problemfarbe dadurch ausgelöscht wird und hinwegschmilzt – bis du zu dir selbst in diesem Moment der Gegenwart kommst und durch dich auch deine Kinder (falls du welche hast) von diesem Licht erfüllt werden.

Die zweite Technik wurde bereits viele hundert Male erfolgreich eingesetzt. Sie arbeitet mit der Intuitionsmethode, um folgende Fragen zu stellen, wobei der erste Gedanke, der dir in den Sinn kommt, die Antwort darauf ist.

- Wenn es mir zu wissen vergönnt wäre, von welcher Seite dieses Problem vererbt wurde, dann war es von ____ (mütterlicher, väterlicher oder beider) Seite.
- Wenn es mir zu wissen vergönnt wäre, vor wie vielen Generationen wohl dieses Problem begann, dann war es wahrscheinlich vor ungefähr ____ (wie vielen) Generationen.
- Wenn es mir zu wissen vergönnt wäre, ob das Problem mit einem Mann oder einer Frau, vielleicht auch mit beiden, seinen Anfang nahm, dann begann es wahrscheinlich mit ____.

Du kannst auch folgende Frage stellen:

- Wenn es mir zu wissen vergönnt wäre, was diesem (oder diesen) Menschen geschah oder widerfuhr und zu der Blockade führte, die über all diese Generationen hinweg weitergegeben wurde, dann war es wahrscheinlich ____ .

Dann kannst du weiterfragen:

Angenommen, mir wäre das entsprechende Wissen vergönnt ...

- Wie hat sich aufgrund dessen das Leben dieser Menschen weiterentwickelt?
- Was wurde infolgedessen an die Kinder dieser Menschen weitergegeben?
- Was haben diese wiederum an ihre Kinder weitergegeben?

Du kannst dann dieses Problem über die Generationen hinweg weiterverfolgen, indem du fragst:

- Angenommen, mir wäre das entsprechende Wissen vergönnt, in Form welcher Symptome hat sich dann das Problem in den einzelnen Generationen, einschließlich meiner eigenen, gezeigt?

Wenn du Kinder hast, kannst du fragen:

- Angenommen, mir wäre das entsprechende Wissen vergönnt, was habe ich dann wiederum an meine Kinder weitergegeben?

Wenn es sich um sehr viele Generationen handelt, kannst du den Vorgang vereinfachen, indem du einfach nur die ersten drei und anschließend die letzten drei Generationen (Großeltern, Eltern und du selbst) abfragst.

Gehe dann zurück zur ersten Generation und gestalte das problematische Thema mit Hilfe einer Zentrierungsmethode neu. Bitte dein Höheres Bewußtsein darum, daß es vor dem Zeitpunkt des traumatischen Ereignisses deine daran beteiligten Vorfahren in ihre Mitte zurückzubringen möge. Bitte dann dein Höheres Bewußtsein, alle Menschen, die dieses Ereignis miterlebten, zurück in ihre Mitte zu bringen – an jenen Ort des Friedens, der Unschuld und der Gnade. Betrachte nun, für welche Ereignisse sie sich nun aus diesem Ort der Mitte heraus entscheiden, wie sich das Leben dieser Vorfahren daraufhin entwickelt und was sie jetzt anstelle des ursprünglichen Problems an die nächste Generation weitergeben. Schaue dann auf das, was der dritten und den nachfolgenden Generationen vererbt wird. Anschließend kannst du zur ersten Generation zurückkehren und all die heile und bereichernde Energie fühlen, die jetzt aufgrund der Transformation vorhanden ist. Spüre, wie diese neue heile Energie durch alle Generationen hindurch in die Gegenwart (in dich) hineinfließt und wie sie durch dich auf deine Kinder übergeht.

Im oben beschriebenen Prozeß kannst du zusätzlich zur Zentrierung, falls du einen Bezug zu einer spirituellen Persönlichkeit wie Jesus, Buddha, Kuan-yin, Mohammed, Shiva, der Großen Mutter oder wem auch immer hast, diese bitten, dir und deinen Ahnen in der Zeit vor dem Auftreten des Problems beizustehen. Bitte darum, daß die Gnade, Inspiration und heilende Kraft dieser Persönlichkeit in die Situation einfließen möge, um sie zu verwandeln. Dann kannst du mit der Hilfe deines spirituellen Führers diese heile Energie vorwärts tragen, durch alle Generationen hindurch, bis der gesamte Stammbaum der Familie vollkommene Reinigung erfahren hat.

❖ 18 ❖
Persönlicher Mythos

SCHLÜSSELKONZEPT: *Eine Geschichte, nach der wir leben, in der Regel um zu kompensieren und die auf einer negativen Überzeugung in bezug auf die eigene Person beruht.*

Ein persönlicher Mythos stellt einen Aspekt einer tiefliegenden Ebene des unbewußten („Vor-Geburts-“) Geistes dar, obwohl er zumeist infolge eines für das Leben eines Menschen zentralen traumatischen Erlebnisses entstanden ist. Ein persönlicher Mythos ist auch eine Geschichte von Schlüsselbedeutung, nach der wir unser Leben gestalten und die deshalb so bezeichnet wird, weil sie den Handlungssträngen eines Mythos, eines Märchens, einer Legende oder geschichtlicher Ereignisse folgen kann. Wenn du diese Karte erhältst, so heißt das, daß es in deinem Leben ein ganz wesentliches Drehbuch gibt, dessen Handlung du nachspielst und das zum jetzigen Zeitpunkt die aktuelle Situation beeinflußt.

Durch einen persönlichen Mythos verteidigen oder kompensieren wir ein traumatisches Schlüsselerlebnis und die daraus resultierenden Gefühle des Kummers, des Versagens oder der Schuld. Das führt dazu, daß wir den Gedanken aufgeben, gut genug zu sein, um mit dem Leben zurechtzukommen. Und so beginnen wir zu glauben, daß diese in unserem Mythos oder unserer Legende vorkommende Gestalt über die Stärke, den Mut, die Intelligenz und all die anderen Fähigkeiten verfügt, die scheinbar für ein erfolgreiches Leben notwendig sind. Wie positiv die Eigenschaften unseres Mythos auch sein mögen, da er der Kompensation dient, wird es uns niemals möglich sein, für das, was wir geben, zu empfangen. Der Grund liegt darin, daß wir nur eine Rolle spielen, mit Hilfe derer wir einen archetypischen oder dunklen Glaubenssatz in bezug auf uns selbst verleugnen und kompensieren wollen. Viele Menschen haben einen persönlichen Mythos, in dem extrem positive Charaktere die Hauptrolle spielen, ja sogar Helden und Heilige. Solange diese Rollen jedoch nachgespielt werden, um etwas zu kompensieren, mangelt es ihnen an Wahrheit. Die Rolle soll lediglich „beweisen", daß man gar kein so schlechter Mensch ist. Es gibt auch einige persönliche Mythen negativer Natur. Hierbei handelt es sich um Geschichten, die direkt auf negativen Überzeugungen in bezug auf die eigene Person beruhen.

Wie du diese Karte nutzen kannst

Wenn du diese Karte erhältst, so erkenne an, daß es an der Zeit ist, dieses traumatische Schlüsselereignis zu heilen und authentischer zu leben. Frage dich:

- Wenn es mir zu wissen vergönnt wäre, welchen persönlichen Mythos ich nachspiele (Legende, Mythos, Märchen oder historische Persönlichkeit), so handelt es sich dabei wahrscheinlich um ____.

Es ist wichtig, daß du der ersten Antwort vertraust, die dir in den Sinn kommt. Manchmal können dir auch mehrere Antworten auf einmal einfallen. Fälle kein Urteil darüber. Erlaube ihnen einfach, in deine Gedanken einzutreten. Es kann sein, daß dir der Name einer Persönlichkeit einfällt, von der dir gar nicht bewußt ist, daß du etwas über sie weißt, oder von deren Geschichte du nur eine ganz vage Vorstellung hast. Eine Möglichkeit, wie du mit der Gestalt arbeiten kannst, die dir in den Sinn kommt, besteht darin, eine Geschichte – von ein oder zwei Seiten Länge – über sie zu schreiben; wenn es für dich einfacher ist, kannst du sie auch auf Band sprechen. Deine Version der Geschichte mag zwar von der ursprünglichen Legende oder dem Märchen abweichen, entscheidend aber ist, daß es sich hier um deine eigene Version des Mythos handelt, die so spontan wie möglich niedergeschrieben oder aufgenommen wurde.

Wenn du deinen persönlichen Mythos aufgeschrieben oder aufgenommen hast, dann schaue ihn dir genauer an oder höre das Band ab. Achte auf die vorherrschenden Themen und frage dich, ob diese Muster in deinem Leben zum Vorschein gekommen sind. Als zweites solltest du dir klar machen, daß alle in deinem persönlichen Mythos auftretenden Charaktere einen Teil deines Geistes repräsentieren – wie dies auch bei den Personen und Symbolen unserer Träume der Fall ist. Daher steht jeder Charakter für eine Überzeugung, die du in bezug auf dich selbst hegst. Wahrscheinlich wirst du dich mit der Heldenrolle identifizieren, manchmal kann es aber auch sein, daß du dich auf Schattenfiguren ("die Bösewichte") beziehst. Auch sie stellen entscheidende Glaubenssysteme in bezug auf deine eigene Person dar.

Wie du deinen persönlichen Mythos heilen kannst

Du kannst jede der folgenden Methoden verwenden:

1 Nimm die Heilungs-, Gaben- und Gnade-Karten zur Hand und ziehe eine Karte, lies ihre Bedeutung nach und lasse sie dem Problem entgegenwirken.
2 Übergib den Mythos deinem Höheren Bewußtsein, dessen Aufgabe es ist, all diese Dinge für dich mit Leichtigkeit zu heilen.
3 Triff die Wahl, daß diese Angelegenheit für dich geheilt werden solle. Gib dir selbst entsprechend Zeit dafür – den heutigen Tag, diese Woche, einen beliebigen Zeitraum, der dir annehmbar und glaubwürdig erscheint. Wenn es den Anschein hat, daß du ein Wunder benötigst, so bitte um ein Wunder, aber lasse nicht nach in deiner Entscheidung, daß dieses Problem geheilt werden möge, daß es nicht länger einen dich zurückhaltenden Faktor darstellen solle und daß du frei sein willst.
4 Wende die im Abschnitt „Der Schatten" (Karte 23) beschriebene Integrationsmethode an, um all die Charaktere mit dem traumatisch geschädigten Teil deiner selbst zu verbinden. Du kannst auch all diese Persönlichkeiten und deinen traumatisch geschädigten Teil mit deinem Höheren Bewußtsein vereinigen. Sobald du eine Gestalt aus einem persönlichen Mythos in dich integriert hast, wirst du den Lohn für all diese großartigen Eigenschaften empfangen, denn nun muß dieser Lohn nicht mehr in der

Rolle versickern. Er wird zurückfließen in einen wahrhaftigen Geben-Empfangen-Geben-Kreislauf.

5 Frage dich, ob das Problem vor, bei oder nach deiner Geburt entstand und gestalte die gesamte Erfahrung mit Hilfe der Zentrierungsmethode neu – siehe hierzu die zweite Heilungsmethode für das Ahnenproblem (Karte 17).

❖ 19 ❖
Schamanische Prüfung

SCHLÜSSELKONZEPT: *Eine große Herausforderung, die den Sprung auf eine neue Ebene des Bewußtseins, der Vision und der Kraft bereithält.*

Eine Schamanische Prüfung ist eine Herausforderung, die wir für uns selbst geschaffen haben, da wir die Möglichkeit sehen, negative Kräfte nutzen und integrieren zu können, um hierdurch den Sprung auf eine wesentlich höhere Ebene des Bewußtseins, der Stärke und der Vision zu vollziehen. Wenn wir in einer solchen Situation scheitern, meinen wir, eine Tragödie zu erleben. Dieser Schmerz kann so groß sein, daß wir das Gefühl haben, uns würde das Herz aus der Brust gerissen. Es kann sich um Situationen handeln, die über Leben und Tod entscheiden. Eine solche Situation muß nicht unbedingt negativ, kann aber gefährlich sein. Eine derartige Gelegenheit zu versäumen, könnte den Verlust all dessen bedeuten, was wir bisher in unserem Leben aufgebaut haben.

Die Erfahrung einer Schamanischen Prüfung bedeutet, unser altes Selbst sterben zu lassen. Du kannst entweder vorwärts auf eine völlig neue Ebene gehen oder abstürzen und in den Flammen umkommen. Wenn du in einer Schamanischen Prüfung versagst (oder versagt hast), dann hast du wahrscheinlich den Schmerz begraben, und er wird dich negativ beeinflussen. Doch du hast noch immer die Möglichkeit, diese Lektion zu lernen, die Prüfung zu bestehen, den Schmerz zu verwandeln und all das Gute zu empfangen, das dein Erfolg für dich bereithält. Die Prüfung wird ständig wiederholt, wenn du sie nicht gleich beim ersten Mal bestehst.

Wie du diese Karte nutzen kannst

Wenn du diese Karte als Antwort auf eine Frage erhältst, die du in bezug auf eine vergangene Situation gestellt hast, eine Situation, die in der Regel jedoch unterdrückt oder verdrängt wird, um den Schmerz ertragen zu können, so ist es ziemlich wahrscheinlich, daß du die Prüfung nicht bestanden hast. Wenn du dich jetzt inmitten einer solchen Lage befindest, dann mache dir bewußt, daß hier Energien aus der Tiefe deines Geistes im Spiel sind, die diese Situation hervorbringen. Zunächst ist es wichtig, diese Herausforderung als eine Gelegenheit zu betrachten, die einen Weg zum Erfolg in sich birgt, was dich auf eine neue Ebene der Vision, der Geburt, der Liebe, der Kreativität, medialer Fähigkeiten, künstlerischer oder heilender Kraft emporheben wird.

Die Karte werfen

Dies ist eine der Erkenntnis-Karten, die eine besondere Bedeutung haben können, je nach dem wie sie beim Werfen fallen. Wenn du diese Karte erhältst, dann wirf sie in die Luft (schnipse sie mit Daumen und Mittelfinger von dir weg). Wenn sie mit der Vorderseite nach unten zu liegen kommt, so bedeutet dies, daß du vor einer Prüfung auf Meisterschafts-Stufe stehst. Einer solchen Prüfung wohnt all die Kraft einer Schamanischen Prüfung inne, findet aber auf einer noch höheren Ebene statt. Wenn du diese Prüfung nicht bestehst, so wirst du dich niedergeschmettert fühlen, als sei deine Welt zusammengebrochen. Bei einer Prüfung auf Meisterschafts-Stufe ist es von entscheidender Bedeutung, daß du um Führung bittest, daß du darum bittest, in deine Mitte zurückgebracht zu werden, damit Gnade durch dich hindurchfließen kann. Es ist bezeichnend für eine solche Situation, daß du nichts für deinen Erfolg tun kannst, daß aber alles in dir und durch dich geschehen kann. Tu alles, das zu tun du aufgerufen oder inspiriert bist. Häufig werden sowohl Schamanische Prüfungen als auch Prüfungen auf Meisterschafts-Stufe aus deinem Inneren auftauchen, aus alten, ja sogar uralten Erinnerungen an Zeiten, da du in einer solchen Prüfung versagt hast. Der Schmerz kommt nun erneut an die Oberfläche, da du wieder einmal das Gefühl hast, du hättest all das nötige Rüstzeug zum Erfolg.

Wenn du achtsam bist, alles wagst und dich selbst voll und ganz, auch den allerkleinsten Teil von dir, einbringst, wenn du dein Höheres Bewußtsein um Hilfe bittest, dich der Inspiration öffnest und all dies auf eine Karte setzt ..., wirst du die Schamanische Prüfung beziehungsweise die Prüfung auf Meisterschafts-Stufe bestehen. Dann wirst du eine neue Ebene des Bewußtseins erreichen, die du im Dienste deiner selbst und deiner Mitmenschen nutzen kannst – dieser Dienst kann künstlerischer, heilender oder anderer Natur sein, je nach dem, welche Ausdrucksweise sich dir offenbart. Daß du dich einer solchen Prüfung gegenübersiehst, bedeutet, daß ein bewußter Teil deiner selbst davon überzeugt sein muß, daß Erfolg für dich möglich ist. Nimm ihn dir!

❖ 20 ❖
ANDERE LEBEN

SCHLÜSSELKONZEPT: *Muster im Leben eines Menschen, die aus einem anderen (tatsächlichen oder im bildlichen Sinne verstandenen) Leben zu stammen scheinen.*

Wenn du daran glaubst, daß dies nicht unser einziges Leben ist, dann kannst du den folgenden Abschnitt wörtlich nehmen. Wenn du nicht an andere Leben glaubst, dann betrachte dieses Kapitel im übertragenen Sinne als eine Geschichte, die unser Geist oder unsere Seele von der eigenen unaufhörlichen Reise erzählen will. Träume veranschaulichen das, was geschieht, anhand von metaphorischen Mustern, und genau das tun auch diejenigen Geschichten, die aus unserem unbewußten Geist auftauchen. Die Andere-Leben-Karte repräsentiert entscheidende Muster, die, wenn sie erst geheilt sind, einen großen und wiederbelebenden Einfluß auf das Leben eines Menschen haben können. Die Geschichte, die unser Geist auf dieser Ebene erzählt, kann große Mengen emotionalen Schmerzes, der Schuld und des Schreckens in sich bergen.

Wie du diese Karte nutzen kannst

Wenn du diese Karte erhältst, kann es sein, daß das, was dich derzeit nicht vorankommen läßt, viel tiefer liegt, als du annimmst. Es gibt verschiedene Möglichkeiten, dies zu aufzulösen:

1 Bitte dein Höheres Bewußtsein, das Problem für dich zu lösen.
2 Bitte vor dem Einschlafen darum, daß dir die Geschichte, die dich zurückhält und nicht vorankommen läßt, als Traum erscheinen möge.
3 Wenn du an andere Leben glaubst, können die folgenden Intuitionsfragen sehr hilfreich für dich sein. Stelle dir einfach diese Fragen und warte auf das, was dir in den Sinn kommt. (Wenn du nicht an andere Leben glaubst, kannst du direkt zu Punkt 4 weitergehen.)
   - Wenn es mir zu wissen vergönnt wäre, in welchem Land ich jenes andere Leben führte, dann war es wahrscheinlich das heute unter dem Namen ____ bekannte Land.
   - Wenn es mir zu wissen vergönnt wäre, ob es sich bei jenem Leben um ein vergangenes, zukünftiges oder zeitgleiches Leben handelt, so ist es wahrscheinlich ein ____ Leben.
   - Wenn es mir zu wissen vergönnt wäre, zu welcher Zeit ich jenes Leben führte, dann war es wahrscheinlich ungefähr ____.

- Wenn es mir zu wissen vergönnt wäre, ob ich in jenem Leben ein Mann oder eine Frau war, so war ich wahrscheinlich ____ .
- Wenn es mir zu wissen vergönnt wäre, welches dramatische Ereignis in jenem Leben stattfand, das mich jetzt zurückhält, dann war es wahrscheinlich etwas ____-ähnliches.
- Wenn es mir zu wissen vergönnt wäre, wie gerade jenes Ereignis auf mein jetziges Leben Einfluß genommen hat, so geschah es wahrscheinlich durch ____.
- Wenn es mir zu wissen vergönnt wäre, welche positive Lektion ich in jenem Leben zu lernen suchte, so war es wahrscheinlich eine Lektion in bezug auf ____.
- Wenn es mir zu wissen vergönnt wäre, welches Geschenk ich in jenem Leben zu geben suchte, so war es wahrscheinlich ein Geschenk in bezug auf ____.

4 Errate, erfinde oder denke dir eine Geschichte aus, die die Wurzeln des Problems auszudrücken scheint. Sei bereit, dir jede von deinem Geist vorgeschlagene Geschichte bis zum Ende anzuhören, ohne darüber zu urteilen oder nachzudenken. Dann verwandle deine Geschichte wie nachfolgend beschrieben, indem du dich und alle anderen Beteiligten in deine Mitte zurückbringst und Gnade in die Situation einfließen läßt.

Sobald du deine Geschichte gefunden hast, denke über sie nach und ändere die negativen Muster oder das Problem, das sie dir zu beschreiben scheint. Bitte dein Höheres Bewußtsein (Jesus, Buddha, Mohammed, König David, Shiva, Kuan-yin, an wen auch immer du dich wenden magst) um Hilfe, damit es dich und alle anderen Menschen in der Zeit vor dem Auftauchen des Problems in eure Mitte zurückbringt. Deine Mitte ist ein Ort des Friedens und der Unschuld, und sie ist auch ein Ort, an dem Gnade empfangen werden kann, mit Hilfe derer eine Heilung der Situation für alle Betroffenen möglich wird. Wenn die Charaktere deiner Geschichte (du eingeschlossen) zu ihrer Mitte zurückgebracht werden und Gnade durch sie hindurchfließt, wird eine völlig neue Szenerie oder Situation entstehen.

5 Ein weiterer Weg, ein solches Muster zu ändern, besteht darin, dein Höheres Bewußtsein zu bitten, in die Geschichte einzutreten (in jene Zeit zurückzugehen) und jenes Leben vor dem Auftreten des Problems zu verwandeln, damit es auf leichte und positive Art und Weise hervortreten kann, so daß alle Beteiligten dabei gewinnen. Bitte dann darum, daß dir Hilfe gewährt werden möge, diese Verwandlung, das Wissen und die Heilung in dieses Leben einzubringen.

❖ 21 ❖
Dunkle Geschichte

SCHLÜSSELKONZEPT: *Negative Drehbücher, die wir schreiben und die unser Leben beherrschen oder beeinflussen.*

Dein ganzes Leben lang erzählt dein unbewußter Geist Geschichten, um von seiner Reise zu sprechen. Er spricht in Symbolen, Archetypen und Mythen. Das liegt daran, daß das Erzählen von Geschichten in unserer Natur liegt und wir durch unser Leben eine Geschichte erzählen. *Wir* wählen die Art der Geschichte, die wir erzählen wollen. Wir können glückliche oder heilende Geschichten erzählen. Wir können aber auch Geschichten vom Tod erzählen. Bei den von uns erzählten negativen Geschichten kann es sich um eine der folgenden Hauptkategorien handeln: *Tragödie, Schuld, Vergeltung, Märtyrer, Seifenoper, Alptraum, Opfer, Gebrochenes Herz, Außenseiter/Unabhängiger Mensch, Angst* und *Wut*.

Wie du diese Karte nutzen kannst

Hier einige Fragen, die du dir zu deiner Lebensgeschichte stellen könntest:

- Wenn mein Leben ein Buch wäre, welchen Titel hätte dann dieses Buch?
- Wenn mein Leben ein Kinofilm wäre, wie hieße dann dieser Film? (Wir selbst sind die Drehbuchautoren, Produzenten, Filmdirektoren und Stars unserer Geschichten, ja wir spielen sogar jeden einzelnen darin vorkommenden Assistenten.)
- Habe ich für mein Leben einen Film gewählt, bei dem ich als Zuschauer vor Langeweile einschlafen oder nach der Hälfte der Zeit aufstehen und gehen würde, oder einen Film, bei dem ich die meiste Zeit auf der Toilette oder am Erfrischungsstand verbringen würde?

Wenn du diese Karte gezogen hast, dann weißt du, daß eine Dunkle Geschichte dich auf die eine oder andere Art und Weise in die Falle lockt.

- Schreibe alle negativen Kategorien (Tragödie, Schuld, Vergeltung und so weiter) jeweils auf ein eigenes Blatt Papier.
- Falte jedes Blatt zusammen und gib es in eine Schale.
- Bitte dein Höheres Bewußtsein um Hilfe, und ziehe dann ein Blatt Papier, um herauszufinden, welche Kategorie die Dunkle Geschichte widerspiegelt, die dich am stärksten zurückhält. Jede einzelne dieser Dunklen

Geschichten stellt ein Schlüsselmuster dar, das du gewählt hast und nach dessen Drehbuch du dein Leben gestaltest. Wenn es auch so aussieht, als würde diese Geschichte zusammenhangslos auftreten, so hast du sie doch mit einer ganz bestimmten Absicht gewählt. *Frage dich, um welche Absicht es sich dabei handelt.*

Du kannst deine Dunkle Geschichte durch eine Entscheidung verändern, und zwar indem du die Kraft deines Geistes einsetzt, um eine neue Wahl in bezug auf das, was du willst, zu treffen und ganz fest bei deiner Entscheidung zu bleiben. Jedes Mal, wenn wieder eine kleine Episode aus deiner alten Dunklen Geschichte auftaucht, kannst du dir sagen: „Ich will dies nicht. Was ich möchte, ist ____“. Wie immer deine Dunkle Geschichte aussehen mag, du hast mit dem Schreiben einen ganz bestimmten Zweck verfolgt. Frage dich:

- Welche Absicht verfolge ich mit dem Schreiben dieser Geschichte?
- Was kommt bei dieser Geschichte heraus?
- Welchen Teil meiner selbst gelingt es mir dadurch zu verstecken?
- Welche Gabe oder welche Gelegenheit bleibt dadurch verborgen?
- Was wird mir dadurch zu tun erlaubt?
- Was bleibt mir dadurch zu tun erspart?

Bitte dein Höheres Bewußtsein um Hilfe, damit deine Dunkle Geschichte in eine wahre und authentische Geschichte verwandelt werden kann, eine Geschichte, die von dir handelt und davon, wie du dich selbst wahrhaftig gibst. Du hast die Möglichkeit, eine *Glückliche Geschichte*, eine *Liebesgeschichte*, eine *Heilungsgeschichte*, eine *Heldengeschichte*, eine *Abenteuergeschichte* oder eine *Spirituelle Odyssee zu* wählen.

❖ 22 ❖
Wertlosigkeit

SCHLÜSSELKONZEPT: *Gefühle der Nichtswürdigkeit, eng verknüpft mit Schuldgefühlen (die häufig durch Kompensationshandlungen verdeckt sind).*

Wertlosigkeit ist ein ganz zentrales Gefühl unseres unbewußten Geistes, das so schmerzhaft ist, daß wir uns völlig wertlos fühlen. Wertlosigkeit ist eng mit Schuldgefühlen verbunden und verknüpft. Dieses Gefühl kommt zu einem großen Teil von jenen Orten, an denen in unserer Kindheit ein für die Familie traumatisches Ereignis stattfand, für das wir uns dann die Schuld gaben, unsere Mitte verließen und in eine Opferhaltung hineingingen. Aber dadurch wird unser Gefühl der Wertlosigkeit nur noch verstärkt. Bezeichnenderweise versuchen wir dieses Gefühl dadurch zu kompensieren, daß wir unsere tatkräftige Seite herauskehren und hart arbeiten, um dadurch zu „beweisen", daß wir nützlich und nicht nur zu Dekorationszwecken auf der Welt sind. Doch all unser „Beweisen", daß auch wir etwas wert sind, läßt nicht allzuviel Empfangen zu. Das Wenige, was es uns zu empfangen *erlaubt*, geht in dem Preis verloren, den wir für den Streß unserer so großen Mühe bezahlen. Oft verbringen Menschen ihr ganzes Leben damit, hart zu arbeiten und nützliche Projekte zu verwirklichen. Bis sie dann am Ende ihres Lebens stehen und das Gefühl haben, daß alles völlig wertlos war.

Wie du diese Karte nutzen kannst

Wenn du diese Karte erhältst, so bist du aufgefordert, das Gefühl der Wertlosigkeit als entscheidende Ursache für dein gegenwärtiges Problem oder deine momentane Lage zu betrachten. Halte ebenfalls Ausschau nach Zeichen der Kompensation, die dieses Gefühl vor uns verbergen, denn früher oder später müssen wir ihm doch ins Auge blicken. Setze dich mit dieser Karte einfach einen Augenblick lang hin und frage, welchen Wert dir wohl der Himmel mitgegeben haben mag oder was dir dein Höheres Bewußtsein über deine Bedeutung zu sagen hat.

Wenn du deine Intuition befragst, welche frühere Situation die jetzt an die Oberfläche kommenden Gefühle oder die nun auftauchende Situation hervorgebracht hat, und dir vorstellst, dich wieder in jener Lage zu befinden, dann wirst du sehen, wie das Licht in dir dich mit allen an der Situation Beteiligten verbindet. Bitte dein Höheres Bewußtsein, dich zu jenem Mittelpunkt des Friedens, der Unschuld und des Seins zurückzubringen, wo Gnade durch dich hindurchfließen kann, um dir bei der Heilung der Situation zu helfen. Dein Höheres Bewußtsein kann dies für dich vollbringen, und du kannst einfach nur zuschauen. Wenn es geschieht, wirst du ein Gefühl des Friedens spüren. Wenn dies jedoch nicht mit Leichtigkeit vollzogen wird oder du das Gefühl hast, der Friede sei unvollständig, dann bedeutet dies, daß ein noch älteres Trauma als das, mit dem du dich gerade verbunden hast, der Heilung bedarf. Im Kern aller Mißverständnisse und aller Schwierigkeiten liegt eine Erfahrung des Getrenntseins. Wird die Verbindung wiederhergestellt, ist das Problem geheilt.

❖ 23 ❖
DER SCHATTEN

SCHLÜSSELKONZEPT: *Verdrängte und projizierte negative Glaubenssätze in bezug auf die eigene Person, die häufig kompensiert werden.*

Schattenfiguren, die aus dem Unterbewußtsein stammen (oder auch dunkle Archetypen, Schattenfiguren des Unbewußten), haben mit einer scheinbar dunklen oder sogar bösartigen Energie zu tun. Tatsächlich handelt es sich bei diesen Figuren um eine Überzeugung in bezug auf unsere eigene Person oder einen Aspekt unserer selbst, den wir in der Regel über lange Zeit hinweg verdrängt haben. Häufig verdecken wir diese Überzeugungen oder Aspekte kompensatorisch durch eine Schicht „guten, liebreizenden und netten, aber toten (statt dynamischen)" Verhaltens. Darunter, in unserem unbewußten Geist, finden sich ganze Glaubenssysteme, die uns selbst als schlecht, bösartig, widerlich, als grausame und herzlose Mörder, Folterknechte und Tyrannen darstellen; und da es sich um Glaubenssysteme handelt, scheinen sie wahr zu sein; die „gute, liebreizende, nette und tote" Fassade soll uns vor ihnen schützen. Gleichzeitig wehren die dunklen Glaubenssysteme auch unser wahres gutes Wesen ab – das Licht in uns, vor dem wir Angst haben. In Wirklichkeit soll der Schatten die Kontrolle über dieses Gutsein, über unser Dasein als Kind Gottes ausüben. Zum Glück können wir durch den Schatten genauso leicht wie durch alle anderen Probleme und Konflikte hindurchgehen.

Wie du diese Karte nutzen kannst

Wenn du diese Karte erhältst, so hast du ein negatives, auf deine eigene Person bezogenes System von Glaubenssätzen, das dich beeinflußt und zur Selbstbestrafung führt, begraben und bezeichnenderweise auch verleugnet. In vielen Fällen, jedoch nicht immer, wird es jemanden in deinem Umfeld oder einen in der Öffentlichkeit stehenden Menschen der Vergangenheit oder der Gegenwart geben, den du einfach nicht ausstehen kannst und der ein Gefühl der Negativität, ja sogar Haßgefühle in dir aufsteigen läßt.

Dies zeugt von vergrabenen, verneinten und verdrängten Überzeugungen in bezug auf deine eigene Person. Eine Möglichkeit, deine Schattenpersönlichkeit zu finden, liegt darin, daß du dir deine Mitmenschen anschaust, um herauszufinden, wen du denn eigentlich nicht leiden kannst. Irgendwo in deinem Innern glaubst du, genauso zu sein. Zu einem bestimmten Zeitpunkt hast du dein Gefühl verurteilt, es verdrängt, verleugnet und schließlich auf die Außenwelt projiziert. Gleichzeitig aber hast du dich in gewissem Maße ständig selbst gefoltert und dafür gesorgt, daß du von deiner Umwelt für diese Überzeugungen bestraft wirst. Dies war ein Fehler. Mit ziemlicher Wahrscheinlichkeit wirst du all das durch ein Verhalten kompensiert haben, das deinen Überzeugungen in bezug auf dich selbst genau entgegensteht. Eine solche Kompensation, die sehr gut und hilfreich erscheinen mag, ist in Wahrheit nur eine Art Rollen- oder Opferverhalten, bei dem du gibst, ohne zu empfangen, da aller Lohn in den Beweis hineinfließt, daß du dieser schlechte Mensch nicht sein kannst.

Um den Schatten zu finden, frage dich:

- Welche historische Persönlichkeit oder welchen in einer Legende, einem Märchen oder einem Mythos vorkommenden Charakter würde ich am meisten hassen?

Die Persönlichkeit, die dir in den Sinn kommt, und die charakteristischen Eigenschaften, die scheinbar am engsten mit dieser Gestalt zusammenhängen, repräsentieren in Wirklichkeit die Überzeugungen, die du in bezug auf dich selbst hast. Um es noch einmal zu sagen, dieser Bereich wird in der Regel verneint und verteidigt, dennoch aber beeinflußt er uns, und wir bestrafen uns durch Entsagung, gesundheitliche und anderweitige Probleme dafür.

Eine Möglichkeit, dies zu heilen, besteht darin, dir vorzustellen, daß du deinen „guten, liebreizenden, netten, toten" Kompensationsteil in einer Hand hältst und den Schatten in der anderen.

Lasse sie im Geiste so lange schmelzen, bis nur noch reines Licht und Energie (ihre ursprünglichste Erscheinungsform) übrig bleiben. Verbinde dann die beiden Energien, bis sich sogar deine Finger ineinander verhaken. Halte nun die beiden verbundenen Energien in einer Hand und stelle dir vor, daß *wahres* Gutsein in deiner anderen Hand liege. Lasse den Inhalt beider Hände nun wiederum schmelzen, bis sie nur noch ursprüngliches Licht und Energie sind, und verbinde dann diese Energien.

Die Karte werfen

Wenn du diese Karte erhältst, dann kannst du, wenn du magst, die Karte werfen (mit Daumen und Mittelfinger von dir wegschnippen), um Auskunft darüber zu erhalten, ob hier unbewußte (Karte kommt mit der Vorderseite nach oben zu liegen) oder unterbewußte Elemente (Karte kommt mit dem Bild nach unten zu liegen) am Werk sind. Unbewußte Elemente handeln von fälschlichen Überzeugungen in bezug auf uns selbst, die schon sehr lange oder auf seelischer Ebene bestehen. Wenn die Karte mit der Vorderseite nach unten zu liegen kommt, so zeigt dies einen unterbewußten negativen Glaubenssatz an, eine Überzeugung, die in der Regel in der Kindheit ihren Anfang nahm. Der Schatten wird dann auf einen Menschen in unserer Welt übertragen oder projiziert und von jemandem gespielt, den wir nicht leiden können, den wir verabscheuens- oder hassenswert finden und mit dem wir am allerwenigsten unsere Zeit verbringen möchten. Genau diese Eigenschaften sind jedoch verdrängte Überzeugungen, die du in bezug auf dich selbst hegst und durch kompensatorisches Handeln verbirgst. Doch diese versteckten Glaubenssätze wirken sich darum nicht weniger selbstbestrafend oder zerstörerisch auf uns aus. Ein weiteres Symptom, das die Existenz eines Schattens vermuten läßt, ist das Gefühl, ständig gegen eine unsichtbare Wand anzukämpfen, die dich trotz all deiner harten Arbeit und all der richtigen Dinge, die du tust, zurückhält. Dies ist ein untrügliches Zeichen für das Vorhandensein einer Schattenfigur.

❖ 24 ❖
SINNLOSIGKEIT

SCHLÜSSELKONZEPTE: *Enttäuschung in der Welt des Egos; Schlachtfeld von Ego und Höherem Bewußtsein.*

Sinnlosigkeit ist eine Falle, die einen hohen spirituellen Zustand blockiert. Tatsächlich ist sie das Schlachtfeld, auf dem sich unser Ego und unser Höheres Bewußtsein bekämpfen, und häufig stehen wir ihr kurz vor der Erleuchtung oder einem großen Durchbruch gegenüber. Von einer hohen spirituellen Warte aus gesehen, ist Sinnlosigkeit die Erkenntnis, daß die Welt tatsächlich keinerlei Bedeutung hat. Darum versucht das Ego, uns wegzulocken und uns zu zeigen, daß die Welt *doch* von Bedeutung *ist:* „Komm näher! Nur hereinspaziert! Gleich beginnt die größte Show der Welt! Schau dir die Nebenvorstellung an! Hier wirst du etwas Interessantes finden, das dich ganz bestimmt nicht langweilt!“ Da dies natürlich nicht wahr ist, wirst du früher oder später wieder die Sinnlosigkeit spüren, diesmal jedoch aufgrund der in der Welt gemachten Erfahrung. Die Sinnlosigkeit ist jedoch ein der Erkenntnis, dem Erwachen und der Erleuchtung sehr nahestehender Ort. Wenn du einfach den Sinn aufgibst, den das Ego den Dingen zuschreibt, dann wirst du das erkennen, was von wahrer Bedeutung ist und was dir somit Kraft geben kann.

Wie du diese Karte nutzen kannst

Wenn du diese Karte erhältst, so bedeutet dies, daß dir ein Teil der Bedeutung genommen wurde, die die Welt bisher für dich hatte. Die Sinnlosigkeit und die Pein, die dies mit sich bringt – da alles grau in grau erscheint und in Schutt und Asche daliegt – kann eine große Chance für dich sein. Während viele Menschen im Reich der Sinnlosigkeit sterben, könnte sie für dich ein Ort sein, an dem du einige deiner größten Erkenntnis-Schritte machst. Wenn du die Bedeutungslosigkeit erfährst, nimm dir ein paar Minuten Zeit, schließe deine Augen und frage dein Höheres Bewußtsein: „Welchen Sinn hat mein Dasein?" Die Worte, die durchkommen, können ganz einfach sein. Da es sich jedoch um begnadete Worte handelt, wirst du gleichzeitig auch die Bedeutung dieser Worte spüren. Wenn du beispielsweise die Worte „Sei glücklich!" hörst, dann wirst du dieses Glücklichsein auch spüren.

Es gibt andere Möglichkeiten, dich erneut zu verbinden; du könntest beispielsweise durch die Sinnlosigkeit hindurchgehen, um einem anderen Menschen Liebe zu schenken oder ihm eine helfende Hand zu reichen. Dies kann dich ebenfalls mit einer höheren Ebene verbinden. Oftmals kann es jedoch sein, daß du dich so tief in der Sinnlosigkeit befindest, daß dein Ego versuchen wird, dich aufzuhalten, indem es dir das Gefühl gibt, selbst dieser Versuch sei sinnlos. Wenn du dich auf diesem Schlachtfeld von Ego und Höherem Bewußtsein befindest, kannst du dein Höheres Bewußtsein bitten, dich wegzutragen von diesem Ort, hinauf auf die nächste Stufe.

Die Heilungs-Karten

SMARAGDGRÜN

Diese Karten repräsentieren Prinzipien der Heilung, die wir angesichts einer Falle als Trumpf ausspielen oder dazu benutzen können, um Fallen zu überwinden, Blockaden zu beseitigen und unser Leben in Fluß zu bringen. Wir können ganz allein aktiv mit diesen Karten arbeiten oder unser Höheres Bewußtsein bitten, sie für uns einzusetzen.

❖ 25 ❖
WAHL

SCHLÜSSELKONZEPTE: *Unsere Glaubenssätze erzeugender Faktor; stärkste Macht des Geistes.*

Die Wahl ist das mächtigste Werkzeug unseres Geistes. In seinen tiefsten Regionen bestimmt unsere Macht der Wahl oder der Entscheidung die Welt, die wir sehen, die Beziehungen, die wir eingehen, und den Erfolg, den wir haben. Auch unsere Gedanken, unsere Überzeugungen, unsere Gefühle und unser Verhalten beruhen auf einer Wahl, die wir treffen. Das heißt in anderen Worten, daß wir unsere Erfahrungen durch die von uns getroffenen Entscheidungen selbst bestimmen, und was uns widerfährt, ist ebenfalls das Resultat einer Wahl. Wenn wir uns dies bewußt machen, dann können wir in Zukunft eine bessere Wahl treffen, so daß wir durch unsere Macht zu wählen, welche Haltung wir gegenüber allem, was uns widerfährt, einnehmen wollen, sogar ganz bewußt Tragödien in heroische Taten oder Verwüstung in Erleuchtung verwandeln können.

Wie du diese Karte nutzen kannst

Wenn du diese Karte erhältst, so wird dich eindeutig die Macht deiner Fähigkeit, das zu wählen, was du willst, voranbringen. Wenn dir die Ereignisse nicht gefallen, triff eine neue Wahl. Wenn du feststellst, daß etwas geschieht, das du nicht möchtest, so wähle etwas anderes. Die folgenden Formulierungen können dir dabei helfen:

- „Dies ist ein Fehler.“
- „Dies ist nicht das, was ich möchte. Ich will diesen Schmerz, diesen Kummer, diesen Streß, dieses Elend nicht.“
- „Was ich möchte, ist ____“ (formuliere deine Wahl möglichst klar und präzise).

Erkenne, daß es in deiner Verantwortung liegt, deine Überzeugungen, deine Gedanken und Gefühle, dein Verhalten oder deine Lage durch deine Wahl zu verändern, wenn sie dir nicht gefallen. Du kannst darum bitten, daß dir gezeigt werde, was du wählen sollst. Du kannst Gnade wählen. Du kannst wählen, deinem Höheren Bewußtsein die Verantwortung zu übertragen. Du kannst ein Wunder wählen und um ein Wunder bitten. Sei dir bewußt, daß so manchem chronischen Muster auf seelischer Ebene unzählige Schichten negativer Überzeugungen innewohnen. Aber durch jede Wahl wird mindestens eine Schicht geheilt, manchmal auch mehrere oder sogar alle Schichten.

❖ 26 ❖
Vergebung

SCHLÜSSELKONZEPTE: *In uns verborgene Schuld auflösen; sich für unangebrachte Schuldzuweisungen gegenüber anderen entschuldigen; erneut Verbindung aufnehmen; wahres Verstehen; freies Geben.*

Hier handelt es sich um ein weiteres Heilungsprinzip von zentraler Bedeutung: Vergeben heißt eigentlich, sich selbst zu vergeben. Wenn die Welt nur ein Abbild deines eigenen Geistes ist, wenn alle Vorwürfe und Werturteile nur Projektionen deiner eigenen Schuld und deiner Selbstangriffe sind, dann kannst du, indem du anderen vergibst, gleichermaßen die anderen befreien *und* die unterbewußte Schuld in dir auflösen. Schuld ist eigentlich eine Form von Arroganz, durch die wir uns selbst in den Mittelpunkt des Lebens stellen, statt einfach die Lektion zu lernen, den Fehler zu berichtigen und weiterzugehen. Vergebung rückt die Dinge wieder ins richtige Licht und bringt die Unschuld zurück. Sie gibt dem Leben wieder Leichtigkeit, Fluß und Zuversicht.

Bei Vergebung geht es sich nicht darum, einen Wettbewerb zu gewinnen und den anderen verlieren zu lassen. Noch hat sie mit Herablassung oder Überlegenheit zu tun. Vergeben heißt nicht, sich des anderen gnädigst zu erbarmen – denn hierbei würde es sich um Überheblichkeit (verborgene Werturteile und übertriebene Kompensation von Schuld- und Unzulänglichkeitsgefühlen) und Wettbewerb (Ablenkung vom Erfolg und Angst vor dem nächsten Schritt) handeln. Wir haben Angst vor Vergebung, da wir das Gefühl haben, daß wir dann in einer Opferhaltung oder einer verwundbaren Position gefangen wären. Wir haben den Eindruck, daß unser Groll oder Ärger gerechtfertigt ist und es dumm wäre, ihn einfach aufzugeben. Klagen handeln jedoch niemals von dem, was andere getan haben, sondern von den Dingen, die *wir uns selbst* nicht verziehen haben. Wir halten anderen unsere Vergangenheit vor. Eine Situation kann niemals fehlschlagen, es sei denn, wir unterlassen es, etwas zu geben. Vergebung bedeutet einfach erneute Verbindung. Sie ist eine Entschuldigung dafür, daß du andere der „Verbrechen" wegen getadelt hast, von denen du dachtest, sie selbst begangen zu haben.

Vergebung ist die Erkenntnis, daß alles einfach nur ein Fehler war, und es wird zu wahrem Verstehen und einer neuen, heilen Situation kommen. Durch Vergebung kannst du schließlich das geben, was in der Vergangenheit nicht gegeben wurde. Dies heilt sowohl dich als auch den verurteilten Menschen.

Abgebrochene Verbindung beziehungsweise Trennung ist eine ganz wesentliche, an allen Problemen beteiligte Dynamik. Schuld ist der Superklebstoff des Lebens, der uns in schmerzlichen Mustern und Situationen feststecken läßt, wohingegen Vergebung das Lösungsmittel ist, das uns nicht nur von unserer Schuld, sondern auch aus unserer Zurückgezogenheit, unserer Unwürdigkeit und unserer Opferhaltung sowie aus den Gefühlen der Erstarrung, der Erschöpfung, der Schwierigkeiten, des Feststeckens, der Wertlosigkeit und übertriebener Kompensation befreit. Mit unserer Befreiung von allem Trennenden erfahren wir erneute Verbindung, und das Problem wird gelöst.

Wie du diese Karte nutzen kannst

Wenn du heute diese Karte erhältst, so sollst du verstehen, daß es wichtig ist, dich selbst zu ermutigen, Verzeihung zu üben, denn was du einem bestimmten Menschen nicht verzeihst, das wirst du auch keinem anderen, am wenigsten dir selbst, vergeben. Dies bedeutet, daß du ohne Vergebung Distanz schaffst – selbst zu den Menschen, die du am meisten liebst. Es liegt in deiner Macht, deine Situation zu verändern. Vergebung ist eine Wahl, die neues, freies Geben und neues Empfangen entstehen läßt. Lasse deine Klagen los, damit du von verborgenen Selbstangriffen und mangelnder Freiheit befreit werden kannst. Vergebung ist eine schwierige Lektion für denjenigen, der sie ganz alleine lernen will, und sich selbst zu vergeben, kann noch viel schwieriger sein. Du kannst jedoch dein Höheres Bewußtsein darum bitten, daß es dir helfen möge, erfolgreich Verzeihung zu üben.

Es gibt zwar viele wunderschöne Übungen für das Verzeihen, du kannst Vergebung aber auch einfach durch Gnade geschehen lassen. Mache dir klar, daß du, wenn du dir oder anderen Vorwürfe machst, nur die Wahrheit verzerrst. Wähle die Wahrheit. Bitte darum, sie zu erkennen. Bitte darum, daß Vergebung geschehen möge. Dies kann Schicht für Schicht erfolgen, kann aber auch auf einmal stattfinden. Du kannst, in anderen Worten, um ein Wunder bitten, und die ganze Situation wird in einem neuen Licht erscheinen.

❖ 27 ❖

LOSLASSEN

SCHLÜSSELKONZEPTE: *Sich von vergangenen Verlusten und Bedürfnissen lösen; Blick für die Gegenwart; Öffnung für den nächsten Schritt.*

Wenn Vergebung die schwierigste Lektion ist, die du allein lernen mußt, so ist Loslassen die zweitschwierigste. Selbstverständlich kann all dies ganz leicht durch Gnade und mit Hilfe deines Höheren Bewußtseins geschehen, sofern du bereit bist, dich zu ändern, einen Ausweg zu finden und erfolgreich zu sein.

Loslassen heilt Festhalten, Erwartungen, Streß und Perfektionismus, allesamt Erscheinungen, die auf einem bestimmten Bild oder einer Forderung beruhen, wie die Dinge, die Menschen und du selbst sein sollten. Diese Forderungen entsprechen deiner Vorstellung davon, wie deine Bedürfnisse erfüllt werden könnten. Dies führt zu ständiger Enttäuschung und Frustration, da dein Drehbuch zum Glück, ganz gleich wieviel Mühe du dir beim „Schreiben“ gegeben hast, niemals diesen Forderungen oder Bedürfnissen genügen kann. Bedürfnisse vertreiben ganz heimlich das, was sie zu bekommen versuchen, und Forderungen wirken abweisend und führen zu Widerstand oder Aufopferung. Du kannst den Erfolg deines Drehbuches danach beurteilen, wie glücklich du bisher in deinem Leben gewesen bist. Wenn es dir nur recht wenig Erfolg gebracht hat, warum solltest du es dann jemand anderem durch deine Erwartungen und Forderungen aufzwingen wollen?

Wenn du die Vergangenheit losläßt, können neue Ziele und neue Richtungen auftauchen. Wenn du festhältst und erwartest, daß das Leben wieder zu einer Vergangenheit zurückkehrt, die dich eigentlich auch nicht voll und ganz befriedigt hat, kannst du nicht gewinnen. Durch dein Loslassen geht die Vergangenheit nicht verloren, sie wird dadurch auch nicht weggeworfen, sondern vielmehr einfach nur ins richtige Licht gerückt. Loslassen ermöglicht dir, erneut in der Gegenwart zu leben. Es befreit von all den Werturteilen, dem Groll, der Schuld, dem Verlust, den Bedürfnissen und Ängsten, die hinter jedem Festhalten im verborgenen schlummern. Wenn du diese Wahl triffst, kann deine Attraktivität wieder ans Licht kommen, und dein Leben kann sich entfalten und verbessern. Dann kannst du den nächsten Schritt machen, der dir neue Möglichkeiten und ein wahrhaftigeres Leben bringt.

Wie du diese Karte nutzen kannst

Wenn du diese Karte erhältst, so überlege, an welchem Menschen (beziehungsweise an welchen Aspekten oder Eigenschaften eines Menschen), an welcher Situation oder welchem Ereignis der Vergangenheit du festhältst und dadurch deinen Erfolg in der Gegenwart verhinderst. Loslassen kannst du, indem du all den schmerzlichen Gefühlen nachspürst, bis sie verschwunden sind, oder indem du das, was du festhältst, deinem Höheren Bewußtsein übergibst und es bittest, diese Dinge für dich loszulassen. Durch Loslassen wird es möglich, den Trauerprozeß für einen vergangenen Verlust in der Gegenwart abzuschließen. Wenn du erst erkannt hast, daß Festhalten nicht funktioniert, bildet deine Entscheidung zugunsten des Loslassens den eigentlichen Kern des Loslaß-Prozesses. Wenn du beispielsweise nach dem Ende einer Beziehung weiter an ihr festhältst, so kannst du ganz sicher sein, daß diese Beziehung dadurch weder eine Gegenwart noch eine Zukunft haben wird. Loslassen sorgt hingegen für eine gewisse Attraktivität und einen Anreiz, die Beziehung weiterzuführen oder eine neue Beziehung – auf höherer Ebene – einzugehen. Wenn du diese Karte erhältst, so bist du aufgefordert, dir über das klar zu werden, was du zu benötigen glaubst, und es dann loszulassen, damit du erfolgreich sein kannst.

❖ 28 ❖

VERTRAUEN

SCHLÜSSELKONZEPTE: *Glaube; Zuversicht; die Kraft deines Geistes auf ein positives Ergebnis ausrichten.*

Dein Vertrauen ist dein Glaube, deine Geisteskraft. Vertrauen heißt vor allem, die Kraft des Geistes einzusetzen, damit das Bestmögliche geschehen kann. Dein Geist wird sich immer auf etwas ausrichten, da er einfach nicht ohne ein Objekt der Ausrichtung sein kann. Dieses Etwas kann negativ und zerstörerisch sein oder deine eigene Niederlage herbeiführen – immer jedoch wird sich dein Geist auf die eine oder andere Art und Weise für etwas einsetzen. Du kannst versuchen, deine Kreativität und Geisteskraft auf Null zu reduzieren, aber es wird dir nicht gelingen, sie ganz zu stoppen. Daher kannst du die Macht deines Geistes genausogut nutzen, um dein Leben zu ändern und zu heilen.

Vertrauen ist ein so wunderbares Paradoxon, denn du kannst deine Zuversicht auf etwas Negatives setzen, und alles wird so gut wie nur möglich werden. Nehmen wir beispielsweise an, du hast bei einem Menschen instinktiv das Gefühl, er sei nicht vertrauenswürdig. Eine blinde oder naive Haltung würde dich deinen eigenen Gefühlen mißtrauen lassen und vorgeben, es sei alles in bester Ordnung. Du könntest aber auch deinen Gefühlen vertrauen, die dir sagen, daß hier etwas nicht stimmt, und dennoch ganz bewußt deinen Geist und dein Vertrauen auf diese Person ausrichten – und sehen, fühlen und wissen, daß alles gut werden wird. Dadurch kann sich die Situation positiv entfalten, selbst wenn die Dinge am Anfang nicht ganz in Ordnung waren. Entscheide dich einfach dafür, auf das zu vertrauen, was du dir als Ergebnis wünschst – Glücklichsein, Fülle, Liebe und Wahrheit.

Vertrauen heilt Kontrolle (unser Verteidigungswall, durch den wir uns selbst zu schützen versuchen) und auch die Angst und den Kummer, die sich dahinter verbergen. Sie heilt das Bedürfnis, alles selbst in die Hand nehmen und uns selbst und andere vor Verletzung bewahren zu wollen. Vertrauen heilt den mit sich selbst im Widerspruch stehenden Geist, der zwei verschiedene Dinge will und sich aus Angst, daß ein Teil von ihm dabei verlieren könnte, so sehr vor dem Voranschreiten fürchtet.

Wie du diese Karte nutzen kannst

Vertrauen stellt Gleichgewicht und Zuversicht wieder her. Wo Vertrauen ist, da ist auch Erfolg. Beginne heute ganz bewußt damit, die Macht deines Geistes einzusetzen, um Situationen in deinem Umfeld zu heilen, ihre Entfaltung zu ermöglichen und sie zu verwandeln. Lerne, anderen zu vertrauen. Vertraue dem sich entfaltenden Prozeß, und du wirst auf diesem Weg niemals steckenbleiben.

Vertraue auf Gott, vertraue dir selbst und vertraue einem für dich wichtigen Menschen. Durch all dieses Vertrauen werden Schichten von Verteidigungshaltungen, Blockaden und Kontrollverhalten abgelöst. Dadurch wird Geburt möglich, und der Fluß des Lebens kann sich entfalten. Dein Vertrauen ist der Ausweg aus genau diesem Problem, denn Vertrauen stellt Zuversicht und Bereitwilligkeit wieder her.

❖ 29 ❖

KOMMUNIKATION

SCHLÜSSELKONZEPTE: *Deine Gefühle klären und sie mitteilen; eine Brücke bauen, um ein verbindendes und heilendes Element zu finden.*

Kommunikation stellt Vertrauen wieder her und schlägt eine Brücke zwischen zwei scheinbar unvereinbaren Positionen. Sich über die eigene Haltung, die eigenen Gefühle und Gedanken klar zu werden und sie klarzustellen, macht etwa fünfundachtzig Prozent der „Heilungs-Kommunikation" aus, da die meisten Probleme einfach auf einem Mißverständnis beruhen.

Kommunikation heilt Langeweile, dadurch daß sie den anderen am bisher Zurückgehaltenen teilhaben läßt und Beziehungen wieder aufregend und spannend macht. Kommunikation findet in jedem Konflikt die verbindenden Elemente und Emotionen und bringt die Menschen im beiderseitigen Gedankenaustausch zusammen. Durch verwandelnde Kommunikation heilen die Menschen sich selbst und gehen gemeinsam vorwärts.

Wie du diese Karte nutzen kannst

Wenn du diese Karte erhältst, so sollst du verstehen, daß wahre Kommunikation den Weg zum Erfolg darstellt. Es gibt einfache Prinzipien, die du befolgen kannst, um Verwandlung durch Kommunikation möglich zu machen:

- Setze dir ein Ziel und sei dir über die Absicht der Kommunikation im klaren. Erkenne, daß der andere nicht hier ist, um deine Bedürfnisse zu befriedigen oder dich glücklich zu machen. Eine solche Erwartung führt zu großem Schmerz und stellt den größten Fehler in jeder Beziehung dar.
- Wenn dich etwas aus der Fassung gebracht hat, teile dem anderen diese Gefühle mit. Übernimm die Verantwortung für deine Gefühle und Erfahrungen. Wenn es sich um *deine* Gefühle handelt, so kannst nur *du* sie ändern. Schuldzuweisungen lassen jede Kommunikation verstummen und suchen nur nach einem Sündenbock (wenn dies geschieht, kann keiner von beiden vorankommen).
- Denke daran, daß es den anderen motiviert, sich mitzuteilen, wenn du ihn nicht länger als Zielscheibe benutzt. Wenn du sagst: „Ich möchte etwas mit dir teilen", damit aber meinst: „Laß mich dir sagen, was du falsch gemacht hast", dann wirst du ihn jedes Mal, wenn du den Mund öffnest, angreifen – nicht aber kommunizieren.

- Nimm dem anderen die aufwühlenden Gefühle ab, und sprich statt dessen über deine momentanen Empfindungen. Tu dies so, als wärest du (und nicht der andere) für deine Gefühle verantwortlich. Während du über deine Gefühle sprichst, versuche herauszufinden, ob es sich um alte oder dir bekannte Gefühle handelt; dies ist der Fall, wenn bereits ein negatives Muster vorhanden ist. Sprich über die Möglichkeit, daß diese Gefühle aus anderen Zeiten und von anderen Orten stammen könnten und teile alle alten Erinnerungen an ähnliche Situationen mit. Damit diese Vorgehensweise auch Erfolg hat, solltest du dich dabei ganz auf das Gefühl konzentrieren, das dich aus der Fassung bringt, denn der Austausch darüber ist wesentlich wichtiger als die Geschichte selbst.
- Wenn deine Worte im anderen Emotionen auslösen, dann stehe ihm bei, wenn dies für ihn sehr schmerzhaft ist. Komme dann wieder auf deine Worte zurück. Nimm während dieses Gesprächs Emotionen gegenüber eine neue Haltung ein. Sei bereit, deine Gefühle zu fühlen, ohne sie zu übersteigern oder beiseite zu schieben. Jede Übertreibung ist eine Art emotionaler Manipulation oder Erpressung, die wahres Fühlen verhindert. Sie führt auch dazu, daß sich der andere weiter distanziert, immer weniger Kommunikationsbereitschaft zeigt und sich immer mehr als Versager fühlt. Wenn ein Partner sich in einer Beziehung schrecklich fühlt, handelt es sich dabei eigentlich häufig um ein Beziehungs-Gefühl, ein Gefühl, das beiden Partnern gemeinsam ist, das aber in der Regel nur einer von ihnen empfindet, es sei denn, beide Partner sind sehr achtsam. Wenn dieser Partner entweder vor seinen Gefühlen davonläuft oder versucht, sie auf den anderen abzuschieben, dann kommt es zu einem Machtkampf. Deine Bereitwilligkeit, zu deinem unguten Gefühl zu stehen und es für euch beide zu verwandeln, entweder indem du diesen Gefühlen nachspürst, bis sie verschwunden sind, oder auf irgendeine andere Art und Weise, wird dir die Achtung des anderen einbringen. Deine Bereitschaft voranzugehen wird euch beide voranbringen.
- Übernimm auch die Verantwortung für die Gefühle und Erfahrungen des anderen, genauso wie für deine eigenen. Betrachte sie als Teil deines Geistes. Erkenne, daß alles, was dir scheinbar von anderen angetan wird und dir nicht gefällt, in der Regel genau das ist, was du dir selbst und anderen antust.
- Wenn deine Erfahrung schmerzhaft ist, dann bitte dein Höheres Bewußtsein um Hilfe und Gnade. Sei dir darüber im klaren, daß das Ausmaß der Problems dem Maß entspricht, in dem du dich auf dich selbst verläßt. Eine weitere Möglichkeit besteht darin, die Macht der Wahl zu benutzen und zu beschließen: „Ich könnte Friede oder Glück statt dieses Elends empfinden.“ Wenn du, ohne nachzulassen, diese Wahl triffst, wirst du bemerken, wie sich die Situation auf völlig neue Art und Weise entfaltet.

- Bemühe dich, deinen Partner der positiven Gefühle zu versichern, die du ihm und der Beziehung entgegenbringst. Lasse dich nicht entmutigen, wenn deine Beteuerungen der Liebe, der Treue und so weiter in einem Faß ohne Boden zu versickern scheinen oder wenn der andere deine Worte von sich weist oder nicht zu hören scheint – er hört dir ganz bestimmt zu und deine Beteuerungen werden von ganz entscheidender Bedeutung sein.
- Lasse nicht zu, daß dir Klagen in den Weg kommen – selbst wenn du das Gefühl hast, im Recht zu sein – du wirst dafür nur wieder leiden müssen. Völlig im Recht zu sein, was den Stand der Dinge angeht, bedeutet, daß du dann in der Situation, so wie sie sich darstellt, steckenbleibst. Sei bereit, unrecht zu haben, damit eine glückliche Situation zum Vorschein kommen kann. Wenn du dich nicht von deinem Ärger einfangen läßt, kannst du die Heilung, die Gabe oder das Wunder finden, die sich hinter allem Negativen verbergen.
- Vergiß schließlich nicht, deinem Partner durch Taten, Worte und Berührung zu zeigen, wieviel er dir bedeutet. Deine Wertschätzung ist das Tor zur Liebe. Sie läßt Fluß und Voranschreiten entstehen.

❖ 30 ❖
Wahrheit

Schlüsselkonzept: *Zu Freiheit, Leichtigkeit, verbindlichem Engagement, Verbindung und Freude führendes Prinzip.*

Die Wahrheit weist uns den Weg nach vorne. Die Wahrheit klärt und stellt klar. Sie heilt Verleugnung und andere Formen der Unehrlichkeit. Sie ermöglicht Partnerschaft und öffnet dich für das Empfangen. Sie befreit dich aus der Leblosigkeit und Heuchelei von Rollen und Pflichten, und sie macht dich frei davon, das Richtige aus dem falschen Grund zu tun. Die Wahrheit kann die Dinge in Ordnung bringen und ermöglicht die Bildung echter Beziehungen und Perspektiven. Stetig trennt sie die Spreu vom Weizen. Wenn auch die Wahrheit zuweilen unangenehm sein mag, da sie uns unsere Illusionen nimmt, so erspart uns doch das, was wir jetzt durchtrennen, zu einem späteren Zeitpunkt noch größeren Schmerz und Enttäuschung. Die Wahrheit befreit und verbindet uns, sie bringt uns Licht und Freiheit. In diesem Sinne entspricht letztendlich all das, was keine Freude bringt, auch nicht der Wahrheit. Wir können daher die Wahrheit nutzen, um

Bereiche der Erstarrung, des Schmerzes und des Elends zu durchtrennen. Bitte um die Wahrheit, wann immer dir etwas begegnet, das nicht unbedingt erfreulich ist. Wähle die Wahrheit. Liebe die Wahrheit. Sie wird dich befreien und dir den Weg nach Hause zeigen.

Wie du diese Karte nutzen kannst

Wenn du diese Karte erhältst, dann kannst du die folgenden Affirmationen verwenden, um schmerzhafte Situationen zu verwandeln:

- „Ich erkenne, daß dieses Gefühl oder diese Situation nicht der Wahrheit entspricht."
- „Ich will die Wahrheit. Ich wähle die Wahrheit."
- „Statt dieses Gefühls könnte Freude mich erfüllen."

Wenn du heute die Wahrheit wählst, wird Freiheit zu dir kommen.

❖ 31 ❖

VERBINDUNG

SCHLÜSSELKONZEPTE: *Erneute Kontaktaufnahme; Partnerschaft; eine „Gewinner – Gewinner"-Situation schaffen; die eine Lösung finden.*

Verbindung heilt Trennung – und es gibt kein Problem, an dem Trennung nicht als wesentliche Dynamik beteiligt wäre. Nur im Kontakt kannst du erfolgreich sein, wohingegen Rückzug dazu führt, daß der Erfolg ausbleibt, was bedeutet, daß du durch einen (verborgenen oder anderweitigen) Groll oder Schmerz aus dem Leben ausgeschlossen wurdest. In dem Maße, wie du dich vom Leben entfernt hast, in dem Maße befindest du dich in einer Opferhaltung – und gibst, ohne zu empfangen. Verbindung führt dich aus der Zurückgezogenheit, dem Mangel an Erfolg, der Schuld, der Unwürdigkeit, aus Angst und Schmerz heraus, damit du erneut mit der Welt in Kontakt treten kannst.

In dieser erneuten Verbindungsaufnahme, die ein Akt der Liebe ist, der dich weit werden läßt, wirst du erkennen, daß Verbindung die Wahrheit war. In Wirklichkeit war diese Verbindung niemals verloren und konnte auch niemals verloren gehen. Nur die Unfähigkeit, des Einsseins gewahr zu werden, läßt uns im Schmerz verharren. Jedesmal, wenn wir uns verbindlich engagieren, etwas geben, integrieren, vergeben, empfangen, vertrauen und so weiter, schaffen wir eine Verbindung und heilen uns selbst. Verbindung stellt eine wechselseitige Verbundenheit her, die zum nächsten Schritt führt. Sie vermeidet Machtkämpfe und zeigt die Lösung. Sie befreit dich aus dem Gefängnis, in dem du festgehalten wurdest. Gegenseitige Unterstützung ist die Garantie für Partnerschaft und Erfolg.

Wie du diese Karte nutzen kannst

Wenn du diese Karte erhältst, so bist du aufgefordert, das Beenden der Trennung als dein vordringlichstes Ziel anzusehen und dich mit dem anderen von der Situation betroffenen Menschen zu verbinden. Nimm den anderen wichtiger als deine Klagen und deine versteckte Schuld, deine Werturteile und deine verborgenen Versagensängste, deine Angst und deinen Schmerz – sie alle verdecken die Distanz zwischen dir und diesem Menschen. Rufe ihn an, schreibe ihm, besuche ihn oder, falls dies alles nicht möglich ist, stell dir vor, wie du diese im bildlichen Sinne zwischen euch liegende Strecke entlanggehst, bis du den anderen erreichst und dich mit ihm verbindest. Jeder Schritt auf ihn zu ist auch ein Schritt heraus aus einer inneren Niederlage und hin zu einem Ort der Partnerschaft und des gemeinsamen Gewinnens. Verbindung zeigt dir, daß du wahrhaft nicht alleine bist und daß es immer eine Lösung gibt – ganz gleich wie das Problem aussehen mag.

❖ 32 ❖

FÜHRUNG

SCHLÜSSELKONZEPTE: *Vision verbunden mit einem Eingehen auf andere; Unwiderstehlichkeit in Verbindung mit Integrität; andere Menschen wichtiger nehmen als die eigenen Probleme.*

Führung stellt eines der drei Schlüsselprinzipien meiner Psychology of Vision dar. Sie bezieht sich auf ein Konzept in *Ein Kurs in Wundern*, das besagt, daß wir den Himmel immer zu zweit betreten. Führung ist die Kunst, auf andere einzugehen, ausgeübt durch einen Menschen, der über visionäre Kraft verfügt und in seiner Integrität unwiderstehlich ist. Als heilendes Prinzip bedeutet Führung, daß es, ganz gleich, was dich aufhalten mag, in deinem Umfeld einen Menschen gibt, der dich braucht (auch wenn dies vielleicht nicht gleich offensichtlich ist).

Wenn Menschen in Selbstangriffen gefangen sind oder sich zwanghaft immer wieder Fallen stellen – wenn sie sich durch jemanden hemmen, beschämen, aus der Fassung bringen, demütigen oder kränken lassen – so heißt dies eigentlich, daß es in ihrem Umfeld jemanden gibt, der noch wesentlich dringender als sie der Hilfe bedarf. Das hier wirkende Führungs-Prinzip, das selbst unseren allergrößten Schmerz heilen kann, lautet: Wenn dich ein Problem, ein Schmerz oder eine Blockade aufhält, so frage dich einfach: „Wer braucht meine Hilfe?“, und du wirst aufgerufen sein, auf den Menschen, der dir in den Sinn kommt, zuzugehen und ihm Beistand zu leisten. Es ist nicht unbedingt notwendig, daß du genau weißt, was du sagen oder tun sollst. Du bist einfach aufgefordert, diesem Menschen dich selbst und deine Unterstützung zu geben. Wenn du dich auf diese Art und Weise mit ihm verbindest, wirst du feststellen, daß das, was dich aufgehalten hat, von dir abfällt und daß auch das abfällt, was den anderen zurückgehalten hat. Beide werdet ihr in einen heilenden und kreativen Fluß eintreten, in dem alles mühelos seinen Fortgang nimmt. In diesem Fluß tauchen Möglichkeiten auf, und die Erwartung all der guten Dinge, die auf dich zukommen, ist ein natürliches Gefühl und ein natürlicher Prozeß.

Wie du diese Karte nutzen kannst

Wenn du diese Karte erhältst, so gibt es einen einfachen Weg voranzuschreiten. Ganz gleich, was dich aufhält, du kannst mit Leichtigkeit hindurchgehen, zumindest durch eine ganze Ebene davon, selbst wenn es sich um ein chronisches Problem oder den schlimmsten Schmerz deines Lebens handeln sollte. Bei einem chronischen Problem kann es sein, daß nur eine Schicht davon abfällt. In diesem Fall brauchst du einfach nur Schicht um Schicht hindurchzugehen.

Frage, wer deine Hilfe benötigt. Wer immer dir in den Sinn kommen mag, rufe dann diesen Menschen an, schreibe ihm, besuche ihn oder sende ihm einfach deine Liebe. Stelle dir vor, das Problem sei eine Wand, die zwischen euch beiden steht, und gehe dann durch diese Wand hindurch, um dem anderen beizustehen. Nimm ihn wichtiger als dein eigenes Leid. Nimm den Wunsch, dem anderen zu helfen oder ihn zu retten, wichtiger als das, was dich in irgendeiner Art und Weise blockiert oder vielleicht sogar in die Knie zwingt. Dieser wahrhafte Wunsch, dem anderen Unterstützung zu gewähren und dich mit ihm zu verbinden, wird euch beide voranbringen. Falls Worte oder Taten von deiner Seite notwendig sind, so wirst du entsprechend inspiriert werden. Dies ist eine der einfachsten Formen der Heilung. Sie kann dich durch einige der größten Blockaden oder der schlimmsten Schmerzen deines Lebens hindurchführen: „Ich nehme dich wichtiger als dieses Problem, diesen Selbstangriff, ja sogar wichtiger als diese Befangenheit. Ich will nicht zulassen, daß dieses Problem mich für deinen Hilferuf taub macht. Ich gebe dir mein Herz, damit wir beide frei sein können.“

Die Gaben-Karten

ROSA

Die Karten der Gaben repräsentieren die uns dargebotenen Geschenke, die wir zu jedem beliebigen Zeitpunkt anstelle von Fallen wählen können – die schwarzen, orangefarbenen und blauen Fallen-Karten lenken uns eigentlich von unseren Gaben ab. Diese Gaben stehen für Elemente der Wahrheit im Gegensatz zu Problemen oder Situationen, die wir selbst kontrollieren oder herbeiführen, um uns dadurch vom Empfangen unserer Begabung und dem Voranschreiten abzuhalten. Unsere Wahl, uns nicht ablenken zu lassen und die Gabe, die uns dargeboten wird, anzunehmen, zu empfangen und uns daran zu erfreuen, ist einer der einfachsten Wege, um Fallen aller Art zu verwandeln.

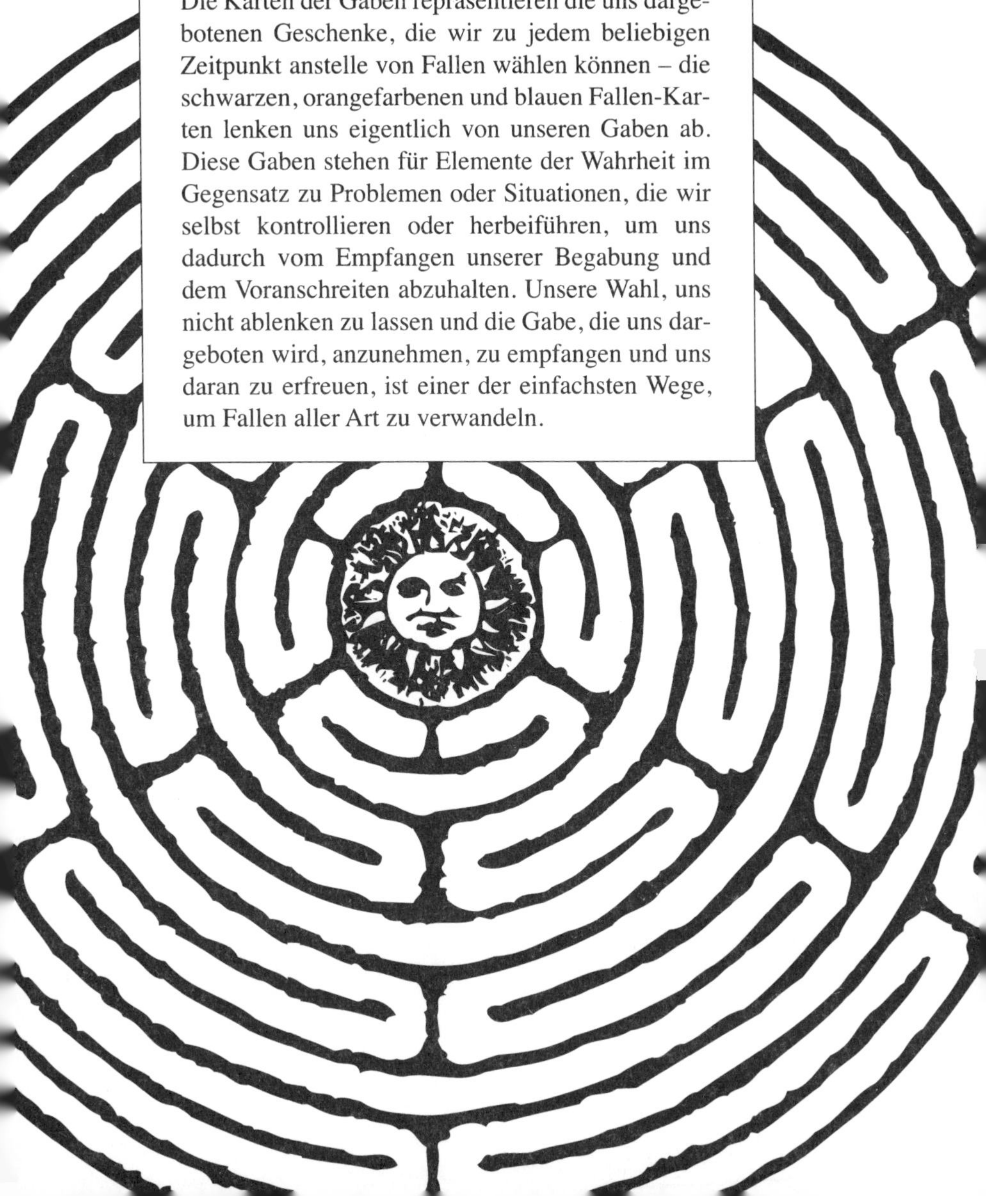

❖ 33 ❖
FREIHEIT

SCHLÜSSELKONZEPT: *Ein Prinzip, das verbindlichem Engagement und Wahrheit entspringt und das es dir ermöglicht, glücklich zu sein und dich selbst voll und ganz zu geben.*

Freiheit ist eigentlich ein Heilungsprinzip, das sich gleichermaßen aus verbindlichem Engagement und Wahrheit ableitet. Wenn du sie in Form einer Gaben-Karte erhältst, so bedeutet das, daß dir in der einen oder anderen Art und Weise Freiheit geschenkt wird, daß etwas von dir abfallen wird, das dich bisher in Ketten gelegt hat. Heute wird ein Stein aus deinem Weg geräumt werden, und du wirst dadurch neuen Raum zum Atmen, neue Klarheit und neue Offenheit erhalten. Du hast aus dir selbst heraus gegeben, und nun kommt das Geschenk der Freiheit zu dir. Dies bedeutet, daß Streß, Sorgen, Belastungen, Probleme, Elend und Aufopferung allesamt von dir abfallen können. Wenn du dir selbst Freiheit gewährst, zeigt sich dadurch deine Liebe zu dir selbst. Wenn du anderen Freiheit einräumst, zeigst du damit, wie sehr du sie liebst.

Wie du diese Karte nutzen kannst

Wenn du heute diese Karte erhältst, dann lasse dich nicht durch Fallen täuschen. Achte darauf, Freiheit nicht mit der Rebellion der Unabhängigkeit zu verwechseln – die ja eigentlich eine Form der Abspaltung (von niemandem abhängig sein wollen) darstellt und Freiheit nur als Deckmantel benutzt.

Etwas, das dich bisher aufgehalten hat, ist dabei, von dir abzufallen. Feiere seinen Weggang. Freiheit wird wahre Verbindung und wahre Aufgeschlossenheit bringen, und du mußt nicht mehr alles als „drückende Last“ empfinden. Heute steht sie dir zur Verfügung und wird dir dargeboten, um dir von der Süße des Lebens zu erzählen.

Wahre Freiheit erlaubt dir, dich selbst voll und ganz einzubringen, denn dadurch fühlst du dich gleichzeitig frei und ausgerichtet. Wenn Verbindung und Kommunikation den wahren Seinszustand bedeuten, so folgt daraus, daß Freiheit es uns erlaubt, unsere Beziehung zu den Dingen und den Menschen in einer Art und Weise zu sehen, die allen Freiheit gewährt. Deine Freiheit ermöglicht Glücklichsein ..., und Glück nimmt niemanden gefangen.

❖ 34 ❖
INSPIRATION

SCHLÜSSELKONZEPTE: *Bereitwilligkeit, Antworten mit inspirierter Energie zu empfangen; Intuition.*

Inspiration bedeutet, daß du dir nicht mehr den Kopf über die Dinge zerbrechen oder dir Gedanken darüber machen mußt. Ideen und Antworten kommen dir einfach in den Sinn, und die Energie trägt dich voran, sofern du dies zuläßt.

Planung (die nicht gleichbedeutend mit Zielsetzung ist) ist ein Weg, den rituellen Tod aller Inspiration herbeizuführen, die das Bedürfnis zu planen überflüssig macht. Es gibt nichts, das du tun müßtest, um inspiriert zu werden, du mußt lediglich willens sein, dich inspirieren zu lassen. Inspiration geht über das Denken hinaus, hin zur Kreativität an sich. Heute wirst du das Rezept erhalten, das den Erfolg garantiert. Es wartet nicht nur die Antwort auf dich, es wird sich dabei auch noch um eine Antwort handeln, die zu empfangen aufregend ist – deren Betonung eher auf dem Empfangen als auf dem Handeln liegt. Heute wirst du die Welt in neuem Licht erblicken; du wirst die natürliche Verbindung von Ideen und Menschen sehen, Antworten werden dir gegeben werden, und alles wird sich auf eine neue Ebene zu bewegen.

Inspiration handelt zwar davon, den Weg nach vorne zu sehen und zu spüren, vor allem aber geht es darum, den Weg nach vorne zu „wissen". Inspiration bringt sowohl die Antwort als auch die inspirierte Energie, so daß du von der Energie getragen wirst und keinerlei Anstrengung von deiner Seite notwendig ist.

Wie du diese Karte nutzen kannst

Wenn du heute diese Karte erhältst, so kann es sein, daß du Inspirationen empfängst, die wiederum andere inspirieren, oder du wirst feststellen, daß andere Menschen dich inspirieren. Vielleicht stellst du fest, daß du diejenigen Menschen inspirierst, die du am meisten liebst, deine Kollegen oder andere Menschen in deinem Umfeld – oder von ihnen inspiriert wirst.

Diese Gabe ist ein Geschenk an dich. Wenn heute scheinbar Blockaden auftreten, so sei wachsam und offen für die Möglichkeit, daß die Antwort mit Leichtigkeit und Spaß zu dir kommen möchte.

❖ 35 ❖
FLUSS

SCHLÜSSELKONZEPTE: *Das Tao; Synchronizität; Glück haben und mit dem sich entfaltenden Prozeß in Einklang sein.*

Der Fluß handelt von all den guten Dingen, die zu dir kommen, während du in mühelosem Streben vorangehst. Alles fällt dir in den Schoß, da du mit dem sich entfaltenden Prozeß des Lebens in Einklang bist. Handeln zum rechten Zeitpunkt, freudige Aussichten, Chancen, Glück und jede Menge Leichtigkeit hält der Fluß bereit. Gleich einem Schiff, das sich von der Strömung eines Flusses treiben läßt und an jeder Biegung auf etwas Gutes trifft.

Wie du diese Karte nutzen kannst

Wenn du diese Karte erhältst, aber nicht im Fluß bist, so bedeutet das einfach, daß du deine Situation als Kontrollmittel benutzt, um dich selbst aufzuhalten. Indem du dir des Flusses selbst gewahr wirst, kann er entstehen. Wertschätzung, Dankbarkeit und das Führungs-Prinzip (Hilferufe beantworten, dem eigenen Problem weniger Bedeutung beimessen als der Hilfe, die ein anderer braucht, so daß ihr beide durch diese Verbindungsaufnahme wieder in Fluß kommt), sind nur einige hilfreiche Dinge, die uns in den Fluß zurückbringen können.

Fließen heißt weder, den Fluß zu peitschen, noch gegen den Strom zu schwimmen. Schon die Ureinwohner der amerikanischen Prärie pflegten zu sagen: „Ein Pferd lenkt man am besten dorthin, wohin es gerade läuft.“ Wenn du diese Karte als Antwort auf ein bestimmtes Thema oder Problem erhältst, so bist du zu erkennen aufgefordert, daß das Problem dich einfach nur vom Geschenk des Flusses ablenkt. Erkenne, daß der Fluß (der ja auch in dieser Situation vorhanden ist), dich aus der von dir erfahrenen Blockade herausführen wird. Wenn du deine Aufmerksamkeit auf diese Gabe ausrichtest, wird sich die Situation auflösen, und du wirst in den Fluß zurückgebracht werden.

❖ 36 ❖
Wahre Liebe

SCHLÜSSELKONZEPT: *Sich den immer tiefer werdenden Liebeserfahrungen und dem fortschreitenden Wachstum wahrer Partnerschaft öffnen.*

Wahre Liebe hat nicht einfach nur mit Verliebtheit zu tun. Dies ist die Karte eines Menschen, der die Gabe hat, ein wahrer Partner zu sein, jemand, dessen Eigenschaften ihn zum idealen Partner machen, mit dem man ein Leben lang heilen, lieben und lernen kann.

Normalerweise wirst du in deinem Leben einer ganzen Reihe von Menschen begegnen, auf die diese Beschreibung zutrifft. Diese Karte fordert dich auf, dich für den Menschen zu öffnen, der gerade jetzt in deinem Leben steht (oder sehr bald in dein Leben eintreten wird), und den Mut zu haben, dich verbindlich zu engagieren. Wenn du einen Partner hast, bedeutet dies, daß dir ein weiterer wahrer Durchbruch in der Liebe unmittelbar bevorsteht. „Flitterwochen, ich komme!“

Wenn du die Karte der Wahren Liebe gezogen hast, ist es wichtig, zu erkennen, daß du nichts zu tun brauchst, sondern einfach nur alles zulassen sollst. Darum lasse dich von deiner Inspiration vorantragen, wo immer dies nötig sein mag, und lasse die Dinge sich auf ganz natürliche Art und Weise entfalten. Wahre Liebe ist bezeichnenderweise eine der Gaben, die wir Menschen im Leben am meisten schätzen. Dennoch ist sie nicht das Ziel an sich; sie ist nur der Anfang. Du wirst immer noch aufgerufen sein, all die Lektionen für eine erfolgreiche Beziehung zu lernen.

Nach der ersten Zeit romantischen Verliebtseins könnte wahre Liebe immer größeres Wachstum, eine sich stetig intensivierende Partnerschaft auf deinem Weg nach Hause bedeuten. Wahre Liebe besagt, daß durch die Liebe in deiner Beziehung der Himmel auf Erden möglich werden kann.

Wie du diese Karte nutzen kannst

Wenn du diese Karte erhältst, so bist du zu erkennen aufgefordert, daß der an der Situation beteiligte (oder wahrscheinlich sehr bald in die Situation eintretende) Mensch die Inspiration bereithält, die durch alle Probleme hindurchführt. Sollte es eine Blockade geben, so ist dies eine Aufforderung wahrzunehmen, daß die Blockade selbst dich von wahrer Liebe, die ja bereits vorhanden ist oder unmittelbar bevorsteht, abzulenken versucht. Alleiniger Zweck der Blockierung ist es, diese Gabe zu verbergen und dir die Kontrolle zu übertragen, entweder über die Beziehung oder über dich selbst. Und wie bei allen Gaben wird die Blockierung hinwegzuschmelzen beginnen, wenn du deine Aufmerksamkeit auf das Geschenk selbst richtest.

Wenn du diese Karte erhältst, so wisse, daß dein Herz sich in einer Neugeburt zu öffnen wünscht, daß es sich ganz und gar geben will ... und alles in größerer Fülle empfangen möchte.

❖ 37 ❖

SEXUALITÄT

SCHLÜSSELKONZEPT: *Eine neue Ebene der Lebenskraft, Natürlichkeit, Liebe, Kommunikation und Verbindung.*

Sexualität in Form einer Gaben-Karte handelt von einem Ausdruck der Liebe und der Kommunikation. Sie verleiht der Verbindung zu deinem Partner völlig neues Gewicht. Wenn sie von dir selbst handelt, so spricht sie von einer neuen Ebene, deine Sexualität anzunehmen und zuzulassen. Dadurch wird deine Sexualität ganz neue Ausdruckskraft erhalten und deine Lebenskraft, deine Attraktivität und dein Fließen werden auf ganz natürliche Art und Weise zunehmen. Dadurch gewinnt die Beziehung zu deinem Partner oder auch zu deinen Mitmenschen an natürlichem Charisma und natürlicher Verbundenheit. Wahre Verbindung in sexueller Vereinigung führt zu Heilung und Liebe.

Wie du diese Karte nutzen kannst

Der Erhalt der Sexualitäts-Karte deutet auf eine neue Ebene der Sexualität, der Unschuld, der Ausdruckskraft, der sexuellen Natürlichkeit und Verbindung hin – für dich und andere. Das heißt nicht nur, daß dir heute vielleicht die Nacht der Nächte bevorsteht, sondern auch, daß du ganz bestimmt mehr Freude am Leben haben wirst. Diese Karte ist gleichermaßen süß und verwegen. Sie muß nicht unbedingt für Sex stehen, aber sie bedeutet eine neue Fülle und Natürlichkeit für dich, ganz allgemein im Leben und in der Verbindung zu deinem Partner. Falls du zur Zeit keinen Partner hast, so bringt dir die Karte eine neue Ebene der Offenheit für einen neuen Partner.

Falls es in deinem Leben eine größere Blockade gibt und die Sexualitäts-Karte die Antwort darauf ist, dann stellt diese Blockierung für dich ein

Kontrollmittel dar und repräsentiert deine Angst vor deiner Sexualität. Wenn du deine Sexualität als natürliche Gabe besitzt, so stärkt dies deine Zuversicht, deine spielerische Freude und deine Unwiderstehlichkeit.

Diese Karte bringt, verbunden mit Integrität, ein Element starker Führungseigenschaften in dein Leben und in das Leben deiner Mitmenschen.

❖ 38 ❖
Begabung

SCHLÜSSELKONZEPTE: *Gaben, Chancen und Talente empfangen und mit anderen teilen; sich nicht von Problemen ablenken lassen.*

Begabung ist die Fähigkeit, Gaben, Chancen und Talente zuzulassen und zu empfangen. Das Empfangen von Gaben und das Hervortretenlassen von Begabungen und Chancen sind Handlungen von Führungsqualität. Sie inspirieren und lassen Fluß entstehen, sie ermöglichen Gnade und Fülle.

Die meisten Menschen wissen gar nicht, daß unsere größten Gaben oft unter unseren größten Ängsten begraben liegen. Hinter jedem Problem verbirgt sich in der Regel ein uns dargebotenes Geschenk, das wir aber nicht anzunehmen wagen. Eine Gabe dankbar anzuerkennen und zu empfangen, ist jedoch ein wunderbares Mittel, ein Problem zu lösen. Es ermöglicht dir, du selbst zu sein und allmählich deine wahre Größe zu erkennen. Es verwandelt alles Problematische in eine Angelegenheit, die einfach nur geregelt werden muß, und dank der neuen Zuversicht, die dir das Geschenk bringt, kann dies mit Leichtigkeit geschehen.

Wie du diese Karte nutzen kannst

Wenn du diese Karte erhältst, so bist du aufgefordert, dir der Gabe bewußt zu werden, die dir dargeboten wird und zu erkennen, wie leicht sie dich von allen Problemen befreien kann. Stelle dir vor und spüre, wie du deine Begabung empfängst, während du ihrer gewahr wirst. Umarme sie, dich selbst und die ganze Welt. Deine Begabung segnet die Welt, denn je mehr du empfängst, desto mehr gibst du. Es ist dir eine Freude, andere an deiner Begabung teilhaben zu lassen, da dies ein Weg ist, dich mit anderen zu verbinden und für alle Menschen, mit denen du in Kontakt kommst, eine bessere Welt zu schaffen.

❖ 39 ❖
ERFOLG

SCHLÜSSELKONZEPTE: *Sich selbst anerkennen; das Gefühl, etwas erreicht zu haben; für dich selbst und deine Mitmenschen empfangen.*

Erfolg in Form einer Gaben-Karte bedeutet, daß eine völlig neue Ebene des Erfolgs in dein Leben tritt, der dir das Gefühl vermitteln wird, etwas Wesentliches erreicht zu haben und ein großes Stück vorangekommen zu sein. Eine neue Ebene der Anerkennung, eine Ebene, auf der du alles hast, was du dir wünschst, und eine neue Ebene des Erfolgs in allen Bereichen kann für dich entstehen – wenn du es zuläßt. Du erreichst einen neuen Horizont in deinem Leben; und dadurch wirst du erkennen, daß andere Horizonte vor dir auftauchen werden und daß dies ein Schritt nach vorne ist, dich selbst und das naturgegebene Geschenk deines Erfolges anzuerkennen. Wenn du ihn als eine Gabe für dich selbst empfängst, so nimmst du ihn auch als ein Geschenk an deine Mitmenschen entgegen; denn gemäß eines für alle Gaben gültigen Prinzips erteilst du durch deinen Erfolg auch diesen Menschen die Erlaubnis zum Erfolg.

Wie du diese Karte nutzen kannst

Wenn du heute diese Karte erhältst, so bedeutet dies, daß alles in deinem Sinne geschehen wird. Wenn Blockaden auftauchen, dann nur, weil es für dich etwas zu lernen gibt (um deinen Erfolg zu mehren) oder weil noch ein gewisses Maß an Angst vorhanden ist, die Kontrolle abzugeben, wodurch dein naturgegebener Erfolg zurückgehalten wird. Beim Skilaufen hast du auch keine Kontrolle über den Berg. Du folgst einfach dem Abhang. Genauso lasse auch deinen Erfolg zu; es geht weder darum, etwas aufzugeben, noch die Dinge unbedingt auf deine Weise geschehen lassen zu wollen. Die beste Gelegenheit für Erfolg steht unmittelbar bevor, darum sei heute offen für diese Gabe. Erfolg ist in Wirklichkeit eine Sache der Einstellung und der Wahl, und je mehr du ihn mit anderen teilst, desto mehr Erfolg wirst du haben.

Nimm Erfolg heute als eine Gabe an. Du hast dich selbst gegeben und warst dadurch auf ganz natürliche Art und Weise erfolgreich. Jetzt ist der Zeitpunkt gekommen, die Ernte einzubringen. Freue dich an deinem Erfolg. Teile ihn mit deinen Mitmenschen. Sei bereit für den nächsten Horizont, der sich dir öffnet.

❖ 40 ❖

FÜLLE

SCHLÜSSELKONZEPTE: *Reichhaltigkeit; Dankbarkeit; Wertschätzung; Bereitschaft zu empfangen, zu geben und voranzuschreiten.*

Fülle handelt nicht nur von Geld, sondern von Reichhaltigkeit in allen Bereichen, auch der Lebensqualität. Nimm die Fülle heute als dein naturgegebenes Geschenk an. Alles Gute will dir heute gegeben werden, wenn du nur bereit bist, es anzunehmen. Dein Empfangen wird dir ermöglichen, auf einer wesentlich höheren Ebene zu geben, was dir dann wiederum weiteres Empfangen auf einer noch höheren Ebene erlaubt. Und somit wirst du und alle Menschen in allen Bereichen vorankommen.

Wie du diese Karte nutzen kannst

Wenn du heute diese Karte erhältst, sei offen für alles, das dir gegeben werden möchte. Das Leben will dir seinen Reichtum zeigen und ihn mit dir teilen. Wenn es den Anschein hat, daß Blockaden vorhanden sind, so wollen diese einfach nur die Fülle, die zu dir kommen möchte, vor dir verbergen. Wenn du das Gefühl hast, vollkommen davon abgeschnitten zu sein, so wird deine Dankbarkeit für die ganz kleinen Dinge des Lebens dich für die ganz großen Dinge öffnen. Achte auf Fülle in ihrer kleinsten Erscheinungsform, und sie wird heute zu wachsen beginnen.

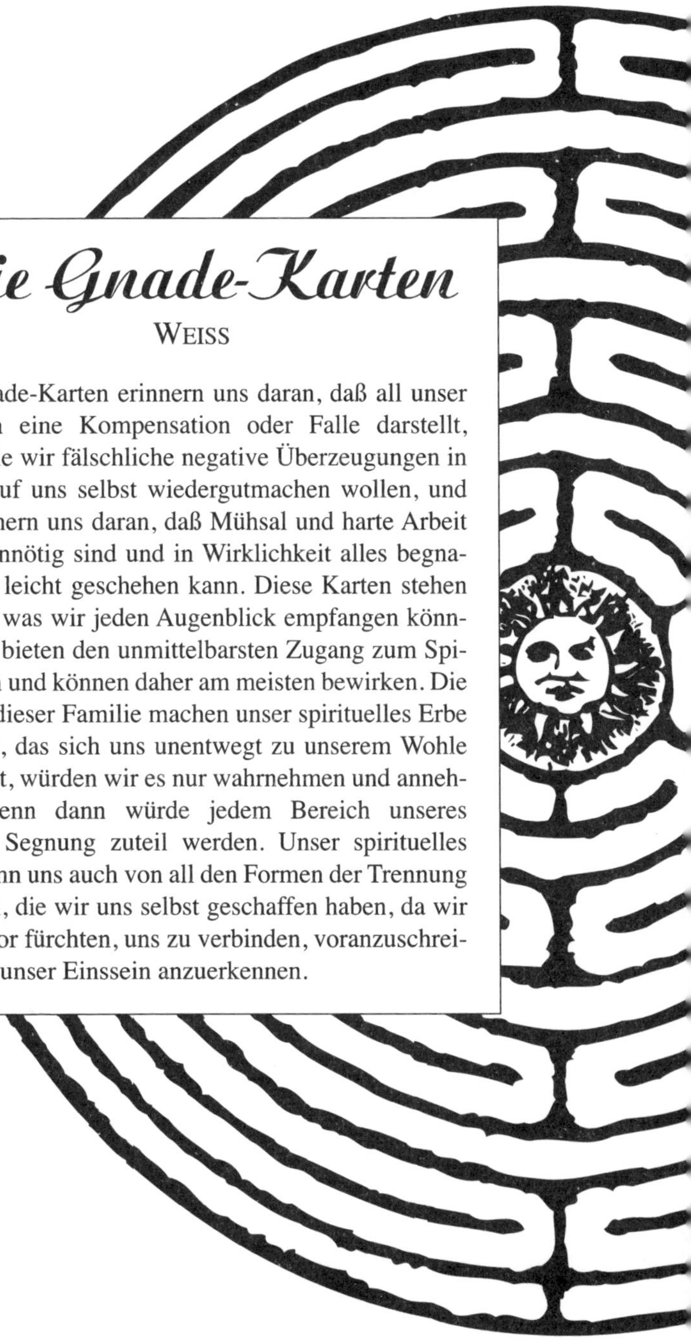

Die Gnade-Karten

Weiss

Die Gnade-Karten erinnern uns daran, daß all unser Handeln eine Kompensation oder Falle darstellt, durch die wir fälschliche negative Überzeugungen in bezug auf uns selbst wiedergutmachen wollen, und sie erinnern uns daran, daß Mühsal und harte Arbeit völlig unnötig sind und in Wirklichkeit alles begnadet und leicht geschehen kann. Diese Karten stehen für das, was wir jeden Augenblick empfangen könnten. Sie bieten den unmittelbarsten Zugang zum Spirituellen und können daher am meisten bewirken. Die Karten dieser Familie machen unser spirituelles Erbe deutlich, das sich uns unentwegt zu unserem Wohle darbietet, würden wir es nur wahrnehmen und annehmen, denn dann würde jedem Bereich unseres Lebens Segnung zuteil werden. Unser spirituelles Erbe kann uns auch von all den Formen der Trennung befreien, die wir uns selbst geschaffen haben, da wir uns davor fürchten, uns zu verbinden, voranzuschreiten und unser Einssein anzuerkennen.

❖ 41 ❖
UNSCHULD

SCHLÜSSELKONZEPT: *Heilende Anerkennung deiner eigenen Spiritualität und Vollkommenheit und auch der Spiritualität und Vollkommenheit der anderen.*

Die Gnade der Unschuld heilt die Illusion der Schuld und beseitigt somit die wichtigste Ursache von Leid und Grausamkeit auf der Welt. Wo Schuldlosigkeit ist, handeln die Menschen ohne Schuld, einfühlsam und achtsam. Diese Karte kann dir, ebenso wie all die anderen Gnade-Karten, im wahrsten Sinne des Wortes den Himmel auf Erden bescheren, da wir, wenn wir unsere eigene Unschuld erkennen, auch die Unschuld der anderen sehen. Dann betrachten wir alle Probleme einfach nur als einen Hilferuf und einen Schrei nach Liebe. Unschuld reinigt und erquickt die Welt. Durch sie erlauben wir uns, zu geben und zu empfangen, wohl wissend, daß das Leben voller Liebe, Fülle und Schönheit ist.

Wie du diese Karte nutzen kannst

Wenn du heute diese Karte erhältst, so bist du aufgefordert, dich selbst durch Gottes Augen zu betrachten (wer immer Er für dich sein mag). Gott in seiner Vollkommenheit sieht nur unseren Reinen Geist und unsere Vollkommenheit, und dennoch erlaubt er unserem Höheren Bewußtsein, uns bei der Heilung und Berichtigung unserer Fehler zu helfen. Du bist aufgefordert, dich und auch deine Mitmenschen heute durch Schuldlosigkeit befreien zu lassen. Die Gnade der Unschuld versucht heute zu dir zu kommen, wenn du es ihr nur erlaubst ...., um dich und die Welt von Verurteilung und Leid zu befreien. Unschuld ist der Weg zum Ziel.

❖ 42 ❖

LIEBE

SCHLÜSSELKONZEPTE: *Dein Einssein mit ALLEM SEIN erkennen; dich selbst lieben; teilen und Anteil nehmen.*

Alles Leben ist spirituelle Entwicklung hin zur Erkenntnis, daß wir Liebe sind. Gott ist Liebe und erschuf uns in Liebe. Unsere spirituelle Reise ist einfach das Wegfallen von Illusionen durch Heilung und führt uns zur Erkenntnis, daß unser wahres Wesen die Liebe ist. Liebe bedeutet Teilen. Liebe bedeutet Geben. Liebe bedeutet, dem anderen die Hand zu reichen. Liebe bedeutet, vom anderen zu empfangen. Liebe ist die Erkenntnis aller Verbindungslinien zwischen uns und ALLEM SEIN – die Erkenntnis des Einsseins. Nur unsere Überzeugungen, daß dem nicht so sei, machen diese Welt zu einer Welt des Schmerzes. Es ist die Erinnerung an unser wahres Wesen beziehungsweise seine Entdeckung, die zu einer Welt der Liebe und der Sicherheit führt.

Wie du diese Karte nutzen kannst

Wenn du heute diese Karte erhältst, so ist dies ein Tag, um zu frohlocken. Heute ist der Tag, an dem du wie nie zuvor bereit bist, Gottes Liebe zu dir und der ganzen Welt zu empfangen, sie zu erkennen und dich von ihr leiten zu lassen. Heute bist du ein Botschafter und Minnesänger der Liebe. Du bringst die frohe Botschaft wahrer Realität. Laß deinen Tag von Liebe zu dir selbst erfüllt sein, und Liebe wird durch dich hindurchfließen und auf andere übergehen. Sie wird dir helfen, dich daran zu erinnern, wer du wirklich bist, und dir erlauben, ein Kanal für Heilungen und Wunder zu sein.

❖ 43 ❖
FRIEDE

SCHLÜSSELKONZEPT: *Das Wesen des Himmels und aktive Grundlage für die Entstehung alles Guten.*

Friede ist einfach der Zustand konfliktfreien Seins. Friede bedeutet Zentriertheit. Friede geht auf dich selbst und auf deine Mitmenschen ein. Alles Glücklichsein, alle Liebe und Fülle entstehen durch Frieden. Friede ist das Wesen des Himmelreichs. Friede ist nicht langweilig oder einschläfernd, sondern vielmehr eine aufregende und belebende Erfahrung, voller Gnade, Freude und Verbundenheit. Es ist ein erwachter und höchst elektrisierender Zustand. Aus Frieden heraus kann der Mensch wahrhaft geben und empfangen.

Wie du diese Karte nutzen kannst

Wenn du heute diese Karte erhältst, ist dies ein Zeichen, daß du von Geistesfrieden erfüllt werden kannst. Er ist die Lösung für *alle* Probleme, da er einen Frieden bringt, der über das vom Verstand Erfaßbare hinausgeht. Friede macht alles Gute möglich. Er steht im Anbeginn von Gesundheit, Fülle und Liebe. Laß dich heute von Frieden erfüllen, wohl wissend, daß Frieden alle Ängste, Trennung und Probleme überwindet.

❖ 44 ❖
VISION

SCHLÜSSELKONZEPTE: *Kontinuierliche Inspiration; Kreativität zulassen; dich selbst voll und ganz geben; die Gegenwart von einer positiven Zukunft leiten lassen; Heilung durch die Wahrnehmung spiritueller Realität.*

Die Visions-Karte kann auf zwei Ebenen interpretiert werden. Kommt die Karte beim Werfen (wenn du sie mit Daumen und Mittelfinger von dir wegschnipst) mit der Vorderseite nach oben zu liegen, so steht dies für menschliche Vision. Wenn sie mit dem Bild nach unten zu liegen kommt, so steht dies für spirituelle Vision. Beide Visions-Typen beruhen auf einer

Empfänglichkeit, einer Bereitwilligkeit, sich von Kreativität leiten zu lassen, sich in Liebe dieser höheren Macht hinzugeben, die erhöhte Bewußtheit oder kontinuierliche Inspiration mit sich bringt.

Menschliche Vision, die sich immer noch im Reich der Wahrnehmung bewegt, ist die positive Zukunft, die unsere Gegenwart leitet. Solange wir uns nicht auf dieser Ebene der Vision befinden, lassen wir unsere Gegenwart von der *Vergangenheit* bestimmen. Das heißt, daß unsere Gegenwart von verborgenen Schuldgefühlen bestimmt wird und der Film unseres Lebens eine ständige Wiederholung ist. Vision trägt dich voran und weist anderen den Weg. Sie führt uns auf den Weg zurück nach Hause, zurück zu unserer Mitte und zurück zu uns selbst. Dies ist die Karte des Heilers, des wahren Helden, des Schamanen oder Künstlers; die Karte jener Menschen, die sich selbst voll und ganz geben, die alles wagen, damit ein neuer Weg gezeigt werden kann ..., und indem sie alles wagen, empfangen sie auf dieser erweiterten Ebene. Menschliche Vision kann die Naturgesetze außer Kraft setzen und Wunder wirken.

Spirituelle Vision läßt dich hinter den Traum beziehungsweise die Illusion dieser Welt schauen und die wahre Realität erblicken – die Realität des Lichts, der Liebe und des Reinen Geistes. Du kannst durch den menschlichen Körper hindurchschauen und einfach nur das Licht in den Menschen sehen. Dies ist eine der schnellsten und leichtesten Formen der Heilung. Wenn du durch den Körper hindurchblickst, siehst du nur noch die spirituelle Realität oder Ganzheit, und die Geisteskraft ist so groß, daß die physische Realität in der Erfahrung dieser Vision beginnt, diese Wahrheit und Ganzheit widerzuspiegeln. Spirituelle Vision ist ein Erkennen unserer Heiligkeit und geht somit über unsere normale weltliche Wahrnehmung hinaus.

Wie du diese Karte nutzen kannst

Vision steht dir heute in Form einer Gnade-Karte zur Verfügung. Diese Vision wird dir den Weg zeigen, es dir ermöglichen, dein Herz auf menschlicher Ebene voll und ganz zu geben und auf spiritueller Ebene aus ganzem Herzen zu lieben. Vision wird dich durch Liebe emporheben zur Kreativität, die ein großes Geschenk für dich und deine Mitmenschen sein wird. Auf menschlicher Ebene wirst du dich selbst voll und ganz geben, wodurch es möglich wird, daß Kreativität durch dich hindurchfließen kann. Durch Liebe überspringst du den Abgrund und hinterläßt anderen eine Brücke, auf der sie dir folgen können.

Vision läßt dich niemals deine Lebensaufgabe vergessen. Auf menschlicher Ebene ist unsere Aufgabe das, was wir zu tun gekommen sind. Auf spiritueller Ebene ist unsere Lebensaufgabe das, was wir zu sein auf die Erde gekommen sind, und auf dieser Ebene erinnert uns Vision daran, daß unsere Heimat das Himmelreich ist.

❖ 45 ❖

FREUDE

SCHLÜSSELKONZEPTE: *Erfüllung; triumphaler Sieg empfangener und gegebener Göttlicher Liebe; Liebe und Verbundenheit; Vorstufe des Himmels auf Erden.*

Freude ist die Karte der Erfüllung. Die Gnade der Freude ist heute dein, falls du bereit bist, sie zu empfangen. Freude entsteht als ganz natürliche Begleiterscheinung der Liebe. Sie beruht auf dem Erkennen wahrer Verbindung. Freude läßt dich wissen, daß, ganz gleich, was du in deiner Umgebung sehen magst, die Liebe gesiegt hat und Erfolg eingetreten ist. Die Feier kann beginnen. Deine Freude ist ansteckend. Sie heilt die erstickende Welt und läßt sie Atem holen. Sie öffnet die Tür zu einer Realität von größerer Wahrheit. Sie ist der Vorläufer und Vorbote des Himmels auf Erden. Heute ist der Tag, dich am Leben und an deinen Mitmenschen zu erfreuen und deine Verbindungen in Liebe und Kreativität als die ursprüngliche und ureigenste von dir erfahrene Realität zu erkennen.

Wie du diese Karte nutzen kannst

Wenn du heute diese Karte erhältst, kann Freude dich erfüllen, und durch dich kann sie auch deine Mitmenschen erfüllen. Freude ist die Erkenntnis, daß du von Gott und den Menschen geliebt wirst, und dadurch kannst du Liebe geben. Wenn die Illusionen abfallen und du weißt, daß du Liebe *bist*, wird Freude dein ständiger Begleiter sein.

❖ 46 ❖

Kind Gottes

SCHLÜSSELKONZEPTE: *Unser Göttliches Erbe erkennen; Kind Christi, Kind Buddhas etc.*

Von Gott geschaffen (wer immer Er für dich sein mag), sind wir Kinder Gottes. Würden wir dies erkennen, so gäbe es nichts, was uns nicht gegeben würde. Stelle dir die beste Mutter oder den besten Vater der Welt vor und stelle dir auch vor, was dieser Elternteil seinen Kindern alles geben würde, sowohl durch seine Taten als auch durch das eigene Sein. Stelle dir vor, wie viel mehr dir heute dargeboten wird: die Antwort auf all deine Probleme, Befreiung aus aller Gefangenschaft und Offenheit für alles Gute. Das alles bist du. Das alles hast du verdient.

Wie du diese Karte nutzen kannst

Wenn du heute diese Karte erhältst, so bist du aufgefordert, dich für sowohl für dein Erbe als auch für deine Bestimmung zu öffnen. Als Kind Gottes rufen dich Größe und all das Gute. Falls dir heute eine Falle im Weg zu stehen scheint, sage einfach aufrichtig:

- „Ich bin ein Kind Gottes."
- „Gott hat dieses Problem nicht für mich gewollt."
- „Gott würde mir ____ wünschen."

Und höre auf die Worte, die durchkommen.

❖ 47 ❖
Höheres Bewusstsein

SCHLÜSSELKONZEPTE: *Höhere Macht; Höheres Selbst; Heiliger Geist, Selbst Christi, Selbst Buddhas etc.*

Das Höhere Bewußtsein beschreibt den kreativen Teil unseres Geistes, der stets die Heilung für eine bestimmte Situation beziehungsweise die Antwort darauf bereithält. Höheres Bewußtsein ist ein anderer Ausdruck für Höhere Macht, Heiliger Geist, Christusgeist, Buddhageist – oder für die jeweilige Entsprechung anderer spiritueller Wege und Religionen. Es hilft dem Menschen, schneller voranzukommen, denn er braucht nicht mehr alles alleine zu tun, sondern kann sich auf sein Höheres Bewußtsein verlassen. Dies ist eines der hilfreichsten Arbeitskonzepte, und zuweilen kann es über Nacht Erfolge zuwege bringen, für die ansonsten Monate oder Jahre nötig wären.

Das Höhere Bewußtsein wirkt durch Gnade, wodurch sich alles leicht und wirkungsvoll entfalten kann. Das Ego erkennt man unter anderem daran, daß es immer auf der Suche nach Schwierigkeiten ist. Dadurch kann es sich selbst Aufmerksamkeit zuteil werden lassen, und es versucht damit zu beweisen, wie gut es ist, denn trotz all des Leids und aller Probleme gibt es sich immer noch große Mühe und arbeitet schwer.

Gnade hat nichts mit dem Bemühen um Aufmerksamkeit zu tun; Gnade bringt einfach Resultate. Wer etwas durch Gnade erlangt, erkennt, daß es nicht *von* ihm, sondern *durch* ihn getan wurde. Wenn du eine große Aufgabe lösen willst, nimmt Gnade dir die Schwerarbeit ab und vollbringt das Notwendige mit Leichtigkeit. Im Reich der Veränderung und der Heilung ist Gnade ein äußerst mächtiges Werkzeug.

Wenn du beginnst, die Gnade deines Höheren Bewußseins zu einem festen Bestandteil deines Lebens zu machen und zu nutzen, wirst du allmählich mit einer gewissen Leichtigkeit und Eleganz vorankommen. Du wirst zunehmend dein Bestreben aufgeben, eine zufällige Existenz kontrollieren und planen zu wollen, und der Gnade erlauben, alles durch dich vollbringen lassen, und zwar weitaus besser, als du es jemals hättest planen können.

Wie du diese Karte nutzen kannst

Wenn du diese Karte erhältst, so ist dies ein Aufruf an dich, es deinem Höheren Bewußtsein zu überlassen, sich des Problems anzunehmen. Es wird dies immer und überall tun, sofern du keine Angst davor hast. Es ist die Aufgabe deines Höheren Bewußtseins, dir nicht nur den Weg zu zeigen, sondern dich auch dorthin zu führen. Es ist an der Zeit, daß du den Weg frei machst und die Dinge für dich regeln läßt: Bist du bereit, den nächsten Schritt zu gehen? Bist du bereit, die Antwort zu hören?

Dann laß dir helfen. Du warst dir bisher einfach nicht der Gnade bewußt, die dir dein Höheres Bewußtsein anbietet. Werde dir dieses Teils deines Geistes gewahr, der die Antwort für dich bereithält und dir Friede und Glücklichsein bringen wird.

❖ 48 ❖

HEILIGKEIT

SCHLÜSSELKONZEPTE: *Ganzheit; Sendbote Gottes; eine die Erde segnende und heilende Himmelsbrücke; Erkennen des Selbst als reiner Geist.*

Wenn Gott den Menschen zu seinem Bilde und nach seinem Ebenbild schuf, so wurden wir heilig geschaffen, da Gott heilig ist. Unsere Heiligkeit spiegelt diese spirituelle Ebene der Ganzheit wider. Wo wir unsere Ganzheit erkennen, dort segnen, heilen und erfrischen wir eine müde und durstige Welt. Das Erkennen unserer Heiligkeit und die Erinnerung daran ist das schönste Geschenk, das wir dem Leben machen können. Wir werden zu einer Himmelsbrücke, über die dann der Himmel seine Gnade hinabfließen läßt, um die Erde zu berühren und zu heilen. In deiner Heiligkeit schmilzt das Ego hinweg, bis immer weniger von dir übrigbleibt und der Himmel diesen Platz einnimmt.

Wie du diese Karte nutzen kannst

Die Erkenntnis deiner Heiligkeit wird dir heute dargeboten. Dein Gewahrwerden dieser Wahrheit strahlt seinen Segen hinaus in die Welt. Diese Heiligkeit ist ein Kanal für Gnade und Wunder. Es gibt nichts, das du nicht tun könntest, denn du bist ein Sendbote Gottes. Wenn du dich in dieser Tiefe erkennst, kannst du die dich umgebende Welt lieben und segnen. Laß dich heute nicht von Blockaden irreführen. Deine Heiligkeit kann dich segnen und befreien. Sie kann auch die Welt segnen und befreien. Sei willens, dein wahres Sein zu erkennen.

Deine Heiligkeit ist die Antwort auf alles, was heute deinen Weg kreuzen mag. Nichts kann sich zwischen dich und deinen Schöpfer stellen. Dies ist Gottes Geschenk an dich.

II. Teil

Die Arbeit mit den Karten

Damit du die Karten besser kennenlernen und im Hinblick auf ihren Einsatz als inspirierendes Werkzeug für persönliches Wachstum und Veränderung sowohl Neugier entwickeln als auch an Sicherheit gewinnen kannst, empfiehlt es sich, daß du dir vor der Arbeit mit den Karten ein wenig Zeit gibst, eine Woche vielleicht oder einen Monat, was immer dir angemessen erscheint, um dich mit ihnen vertraut zu machen. Du wirst feststellen, daß es dir mit zunehmender Übung leichter fällt, die Botschaft der Karten zu verstehen. Versuche offen zu bleiben, und höre auf deine Intuition (manche Menschen empfinden Meditation als hilfreich, um sich in den richtigen Zustand zu versetzen).

Denke daran, daß eine Befragung nicht für alle Zeiten Gültigkeit besitzen muß – sie beschreibt einfach nur den Stand der Dinge zu einem bestimmten Zeitpunkt. Verwandlung und Heilung gehören zu all unseren Lebenslagen, und die Karten lassen uns das erkennen, was der Heilung und Verwandlung (falls überhaupt) bedarf. Sie zeigen uns die heilenden Aspekte, die Gaben und die Gnade, die wir in unser Leben einlassen, genießen und weiter erkunden können.

Eine Falle verwandeln – ein Wunder wählen

Du wirst feststellen, daß der Wert der Erkenntnis-Karten unter anderem darin liegt, daß sie in der Lage sind, deine Betrachtungsweise von Problemen oder Hindernissen, die dich auf die eine oder andere Art in die Falle locken oder dir im Weg stehen, zu verwandeln. Wenn du eine negative Karte ziehst, kannst du anschließend eine positive Lösung wählen oder darum bitten. Wenn bei einer Befragung eine Fallen-Karte auftaucht, dann ziehe als Gegenmittel eine Heilungs-, Gaben- oder Gnade-Karte. Du steckst niemals in einer Falle fest, es sei denn, du entscheidest dich dafür oder läßt es zu, darin gefangen zu bleiben.

Diese Karten werden dich ständig daran erinnern, daß du die Macht hast, positive Veränderungen herbeizuführen und die Wahrheit zu wählen; darum nimm sie als Kraftquelle für dein Leben an. Wenn du dein Denken änderst, wird sich deine Welt verändern. An der Wurzel jeder Falle liegt der Versuch unseres Egos, uns abzulenken und aufzuhalten. Wir haben die Macht, unser Leben zu verändern, solange wir keine Angst vor der Kraft oder dem Erfolg haben, den uns eine solche Veränderung bringen mag.

Wenn du wirklich willst, daß die einzelnen Karten Wirkung zeigen, mußt du dich ganz bewußt für ihren Erfolg entscheiden, und du mußt den Wunsch nach einem Durchbruch und einem Wunder haben. Diese Karten haben bereits vielen tausend Menschen aus vielen Kulturkreisen in aller Welt geholfen. Sie *werden* auch bei dir wirken, selbst wenn du sie vielleicht am Anfang noch nicht ganz verstehst.

Das Schöne an diesen Karten, und gleichzeitig ein Schlüsselprinzip meiner Psychology of Vision, ist folgendes: Ganz gleich, worum es sich handeln mag, für alle Angelegenheiten, Umstände oder Probleme gibt es stets einen Ausweg – und dieser kann schnell gefunden werden. Du kannst einfach eine Heilungs-, Gaben- oder Gnade-Karte ziehen, um die Lösung für ein Problem oder eine schwierige Lage zu finden, und sagen: „Ich wähle dies statt des Problems", danach bleibe einfach ganz fest bei dieser Entscheidung. Manche Menschen machen diese Entdeckung zwar auch ohne die Karten, für andere Menschen sind die Karten jedoch eine große Hilfe, um die Gabe oder die Gnade zu enthüllen, die hinter einem Problem verborgen liegt. Selbst unsere größten Hindernisse lassen sich durch die Anwendung dieser Technik vollständig und schnell aus dem Weg räumen – sobald wir uns auf die Heilung, die Gabe und die Gnade konzentrieren, schwindet das Problem dahin.

Nehmen wir beispielsweise an, du hast die Schuld-Karte aus der Familie der Opfer-Karten gezogen, und anschließend ziehst du Wahre Liebe aus dem Stapel der Heilungs-, Gaben- und Gnade-Karten. Das läßt darauf schließen, daß Schuld dich von der wahren Liebe ablenkt, die dir heute dargeboten wird. Wenn du im Selbstangriff, im Rückzug, im Angreifen anderer oder einer beliebigen Form der Selbstaufopferung gefangen bist, dann verpaßt du das Geschenk der wahren Liebe, die nur darauf wartet, von dir empfangen zu werden. Dies kann innerhalb deiner momentanen Beziehung der Fall sein, oder es könnte, falls du alleine lebst, in einer neuen Beziehung geschehen, die der heutige Tag für dich bereithält. Es kann sich jedoch auch um wahre Liebe zu dir selbst handeln, die die Grundlage für alle Liebesbeziehungen, Erfolg und Fülle darstellt.

Ein Geschenk ist eine Gabe, die dir gegeben wird, ohne daß du dafür etwas tun müßtest. Problemsituationen und Fallen halten dich davon ab, Gaben anzunehmen und anzuerkennen, bei denen es dir an Zuversicht mangelt. Heute kannst du die Gabe anstatt der Schuld wählen. Mit der Gabe kommt auch die Zuversicht, falls sie nicht schon vorher zu dir gekommen ist. Halte heute Ausschau nach dieser Gabenqualität und sei unbeschwert, voll freudiger Erwartung und offen, sie zu empfangen. Dies ist eine wesentlich bessere Wahl als alle Formen der Selbstbestrafung, die du dir andernfalls wahrscheinlich ausdenken würdest.

Wenn du dich völlig anders fühlst, ist dies der beste Beweis dafür, daß deine Entscheidung für die Gabe und gegen das Problem tatsächlich Wirkung zeigt, und damit verändert sich auch die Situation. Somit sind die Erkenntnis-Karten nicht nur in der Lage, Licht auf anstehende Themen oder Probleme zu werfen, sondern sie weisen auch auf die wahre Realität hin – die Heilung oder den Ausweg.

Wichtiger Hinweis

Sei dir im klaren darüber, daß sich immer dann, wenn du ein Arbeitsmittel benutzt, das in der Lage ist, verborgene Elemente deines Geistes ans Licht zu bringen, verdrängte, verborgene, der Vernunft untergeordnete oder unterdrückte Bereiche zeigen können. Dies könnte bedeuten, daß Schuld, Traurigkeit, Angst oder großer Kummer an die Oberfläche kommen können. Es ist wichtig, nicht zu vergessen, daß diese negativen Emotionen letztendlich nur ein Problem aufzeigen, das verwandelt werden kann; sie sind die Indikatoren, die enthüllen, wo du einen bestimmten Fehler gemacht hast, der jetzt berichtigt werden kann. Emotionen sind weder richtig noch falsch. Wenn du sie spürst, ist es wichtig, sie anzuerkennen und durch sie hindurchzugehen. Mache dir ständig klar, daß ein schmerzhaftes Gefühl nicht die letzte Wahrheit darstellt. Es ist einfach nur eine Erfahrung, die so lange andauert, bis du an einen Ort des Friedens, der Zuversicht und des Kontaktes zurückkehren kannst.

Wenn du festzustellen beginnst, daß du in einer bestimmten Emotion feststeckst oder gefangen bist oder daß du von Gefühlen überwältigt wirst, so nutze die Macht deiner Wahl. Du kannst dir beispielsweise immer wieder folgende Worte sagen: „Ich könnte statt dessen die Wahrheit erfahren. Ich könnte mich statt dessen frei fühlen. Ich entscheide mich jetzt für Wahrheit und Freiheit." Oder auch: „Dieses ____ (nenne das Gefühl) ist nicht das, was ich mir wünsche. Was ich mir wünsche, ist Friede." Jedes Mal, wenn du diese Worte aufrichtig aussprichst, wird eine Schicht negativer Emotionen bereinigt werden.

Du mußt dir jedoch auch im klaren darüber sein, daß sich mit dem Bereinigen dieser negativen Emotionsschichten die Emotionen verstärken können, je tiefer du in den Heilungsprozeß eintrittst. Wenn du beispielsweise Ärger in dir aufkeimen spürst, dann vergiß nicht, daß Ärger ein typisches Gefühl der Abwehr ist, durch das wir in der Regel ein tiefer liegendes Gefühl wie Schuld, Traurigkeit, Verletzung, Angst etc. verbergen. Vertraue einfach deinem Prozeß. Wende diese einfache Heilungsmethode so lange an, bis du schließlich wieder Anschluß an positive und friedvolle Gefühle findest.

Mit den Karten arbeiten

An einigen Stellen dieses Buches wirst du aufgefordert werden, eine oder mehrere Erkenntnis-Karten aus dem kompletten Kartenstoß zu ziehen, dann wieder nur aus einer Kombination bestimmter Kartenfamilien.

- Die Karten lassen sich in zwei Themenkombinationen aufteilen: **1** Die negativen Karten – die Opfer- und Beziehungs-Karten sowie die Karten des Unbewußten, **2** die positiven Karten – die Heilungs-, Gaben- und Gnade-Karten.
- Es besteht aber auch die Möglichkeit, daß du aufgefordert wirst, eine Karte aus drei verschiedenen Kartenkombinationen zu ziehen: **1** Die Opfer- und Beziehungs-Karten sowie die Karten des Unbewußten, **2** die Heilungs-Karten, **3** die Gaben- und Gnade-Karten.

WICHTIG: Jedesmal, wenn du aufgefordert wirst, eine Karte zu ziehen, solltest du die Karten neu mischen und sie mit der Vorderseite nach unten halten. Ziehe die Karten immer mit **geschlossenen Augen**, damit deine Wahl nicht durch die Farbe der Kartenrückseite beeinflußt wird, an der du ja die einzelnen Themenbereiche erkennen kannst.

Einzelkarten-Befragungen

Wenn du mit den Karten zu arbeiten beginnst, versuche ihnen gegenüber eine gewisse Offenheit zu bewahren. Denke über deine Situation nach und vertraue auf deine Intuition. Du wirst feststellen, daß es dir mit zunehmender Übung und Vertrautheit im Umgang mit den Karten immer leichter fällt, ihre Botschaft zu verstehen. Es gibt keinerlei feste Richtlinien, was die Dauer einer Befragung angeht – nimm dir dafür alle Zeit, die du benötigst. Beginne mit einer der folgenden Übungen, oder auch mit beiden, um die Karten allmählich kennenzulernen:

1 Mische die Heilungs-, Gaben- und Gnade-Karten (die grünen, rosafarbenen und weißen Karten), um so eine Kombination der positiven Kartenfamilien zu erhalten. Mische die Karten gründlich, und ziehe dann eine Karte (denke daran, die Augen geschlossen zu halten). Lies die Bedeutung der Karte nach, und achte den ganzen Tag über darauf, wie dieses Prinzip heute in deinem Leben wirkt. Wenn du einen wunderbaren Tag erlebst, dann überlege, wie das der Karte zugrunde liegende Prinzip dein Leben verbessern kann. Wenn du einen harten und schwierigen Tag hast, dann nutze das Prinzip der Karte, um dich erneut auszurichten und deine innere Ruhe wiederzufinden. Indem du dich auf das Prinzip konzentrierst, werden Probleme oder Schwierigkeiten, denen du dich gegenübersiehst, an Bedeutung verlieren und dahinschwinden (statt dich von der Heilung, der Gabe oder der Gnade abzulenken oder dich aufzuhalten). Sobald du dich mit einem Prinzip (Heilung, Gabe oder Gnade) vertraut gemacht hast, versuche aus jedem dieser Bereiche eine Karte zu ziehen, und achte darauf, wie sich diese drei Prinzipien wechselseitig beeinflussen und auf deinen Tag auswirken.

Beispiel

Laß uns annehmen, daß du Freude (eine Gnade-Karte) erhältst. Lies die Erklärung der Karte nach und lasse das Wesen dieser Karte deine heutigen Erfahrungen durchdringen. Es mag sein, daß du Freude in der Begegnung mit Schönheit oder Erfolg wahrnimmst, vielleicht spürst du sie aber auch einfach als ein in dir aufsteigendes Gefühl. Laß Freude heute deine Wahrheit sein, und lasse dein Lächeln, dein Lachen und deine Unbeschwertheit auf andere übergehen.

2 Ziehe eine Karte aus dem negativen Kartensatz: den Opfer- und Beziehungs-Karten sowie den Karten des Unbewußten (schwarz, orangefarbene und blaue Karten). Diese Karte kann als eine Herausforderung betrachtet werden, die du zu lernen, zu heilen oder zu lösen suchst. Ziehe dann eine Karte aus dem Stapel der kombinierten positiven Karten: den Heilungs-, Gaben- und Gnade-Karten (grüne, rosafarbene und weiße Karten). Betrachte diese Karte als Antwort auf die negative Karte oder als entsprechendes Gegenmittel. Mit der Zeit kannst du je zwei Karten aus dem negativen (Fallen oder Probleme) und dem positiven Kartensatz (Heilung) ziehen.

Beispiel

Nehmen wir an, du hast die Karte der Aufopferung aus der Familie der Beziehungs-Karten erhalten. Das bedeutet, daß du dich aufgrund von Unwürdigkeits- oder Schuldgefühlen, aus einem Kompensationsbedürfnis heraus, aus Angst vor Intimität beziehungsweise dem Empfangen aufopferst oder gefangen bist im „Sollen“, anstatt aus freier Entscheidung heraus zu geben – und nur das ist wahres Geben. Du kannst in einem Muster der Aufopferung gefangen sein oder aufgrund eines ganz bestimmten Ereignisses darin feststecken. Nimm weiter an, daß du als positive Karte die Unschuld aus der Familie der Gnade-Karten ziehst. Unschuld besagt, daß die Illusion der Unwürdigkeit, der Schuld, des Gebens um des Nehmens willen, der Rollen und Pflichten verwandelt werden kann in deinen wahren Wert, deine wahre Bedeutung und deine Unschuld. Deine Schuldlosigkeit läßt Leichtigkeit und alle guten Dinge zu dir kommen, denn du hast sie verdient. Deine Unschuld sieht nur die Unschuld und macht dadurch andere frei, Fehler zu berichtigen, Lektionen zu lernen und auf all das Gute, das ihnen das Leben bietet, zuzugehen, denn auch sie sind unschuldig und verdienen diese Dinge. Erkenne die Unschuld, die dir in Gnade als deine wahre Identität dargeboten wird, richte deine Aufmerksamkeit auf sie und nimm sie an. Es gibt keine Last und kein Problem, das deine Schuldlosigkeit nicht heilen könnte. Deine Unschuld verkündet dir, daß es deine Wahrheit ist, dich an allem Guten zu erfreuen. Sieh, höre und spüre deine Unschuld sowohl in dir selbst als auch in anderen.

Weitergehende Befragungen

Nachfolgend werden zehn verschiedene Möglichkeiten beschrieben, wie du mit den Karten der Erkenntnis arbeiten kannst, sobald du ein wenig vertrauter mit ihnen bist. Sie sind nach Schwierigkeitsgrad geordnet, das heißt, es wird wahrscheinlich einfacher für dich sein, wenn du erst einmal die Befragung für einen bestimmten Zeitraum ausprobierst, bevor du dich daranwagst, die Karten zur Familie oder der Seele zu befragen. Die Namen der in den Befragungsbeispielen genannten Personen wurden zum Schutz ihrer Identität und Privatsphäre geändert.

Befragung für einen bestimmten Zeitraum

Mit dieser Befragung kannst du herausfinden, auf welches Hauptthema du in einem vor dir liegenden Zeitraum (einem Tag, einer Woche, einem Monat oder einem Jahr) dein Augenmerk und Konzentration richten solltest – und falls Probleme am Horizont auftauchen, so kannst du hierdurch den entsprechenden Lösungsweg aufdecken. Wähle eine der drei nachfolgenden Möglichkeiten:

1 Teile die Karten in zwei Sätze auf: einen negativen (die Opfer- und Beziehungs-Karten sowie die Karten des Unbewußten) und einen positiven (die Heilungs-, Gaben- und Gnade-Karten). Wenn du die Karten für ein ganzes Jahr befragen willst, so ziehe zunächst zwölf negative Karten (eine Karte für jeden Monat), um festzustellen, welche Probleme auf dich zukommen werden, und anschließend zwölf „Durchbruch"-Karten aus dem positiven Stapel, um die „Antwort oder das Gegenmittel" für das jeweilige Problem zu finden. Wenn du die Karten für einen Monat legen willst, ziehe vier Karten aus jedem Stapel (zwei Karten pro Woche), oder wähle sieben Karten aus jedem Kartenpäckchen (zwei Karten je Tag), wenn sich die Befragung auf eine Woche bezieht.

2 Mische alle Karten zu einem einzigen Stapel. Die Karte, die du dann ziehst, steht entweder für die Herausforderung oder die Gabe des gewählten Zeitraums.

3 Wähle drei Karten aus dem negativen Kartenpäckchen (Kombination der „Fallen"-Karten). Sie weisen auf die Hauptprobleme hin, die dir im fraglichen Zeitraum bevorstehen. Wähle dann drei Karten aus dem positiven Kombinationsstapel, sie sind die Schlüssel zur Lösung dieser Probleme; wobei die erste positive Karte sich auf die erste Problemkarte bezieht, die zweite positive Karte auf die zweite Problemkarte und die dritte positive Karte auf die dritte Problemkarte.

Befragungsbeispiel

Ariana zog drei negative und drei positive Karten, um Einblick in die wichtigsten Probleme zu erhalten, die ihr im kommenden Monat bevorstehen würden. Aus dem Stapel der kombinierten negativen Karten zog sie: Verborgenes Selbst, Schamanische Prüfung und Rollen. Ihre Karten aus dem positiven Kombinationsstapel (die Schlüssel zur Lösung dieser Probleme) waren Erfolg, Begabung und Höheres Bewußtsein.

Negativ

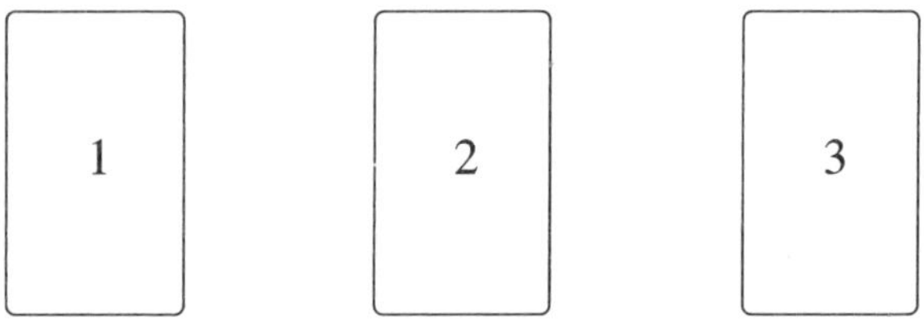

VERBORGENES SELBST — SCHAMANISCHE PRÜFUNG — ROLLEN

Positiv

ERFOLG — BEGABUNG — HÖHERES BEWUSSTSEIN

Deutung der Probleme: Verborgenes Selbst, Schamanische Prüfung, Rollen

Ein Verborgenes Selbst hat zumeist eine Vorstellung oder Strategie, die sich von der unseres bewußten Selbst unterscheidet. Dieses Verborgene Selbst kann eine völlig andere Tagesordnung haben oder eine Strategie des Helfens verfolgen, die letztlich mehr schadet als nützt oder zumindest erfolglos bleibt. Der Schlüssel liegt darin, dieses Verborgene Selbst in unsere Gesamtpersönlichkeit zu integrieren. Dann wird uns nicht nur die positive Seite des Verborgenen Selbst erhalten bleiben, sie wird auch insgesamt zu unserem Vorteil tätig werden.

Das Auftauchen einer Schamanischen Prüfung zeigt, daß im bevorstehenden Monat eine große Chance und Prüfung bevorsteht. Durch das Werfen der Karte wollte Ariana herausfinden, ob es sich dabei um eine Prüfung auf Schamanischer Ebene handelt (wenn die Karte mit der Vorderseite nach oben zu liegen kommt) oder um eine Prüfung auf Meisterschafts-Stufe (wenn die Karte umgekehrt, mit der Rückseite nach oben, liegen bleibt). (Denke daran, wenn wir eine Schamanische Prüfung nicht bestehen, hat es den Anschein, als würde uns das Herz aus der Brust gerissen; wenn wir hingegen in einer Prüfung auf Meisterschafts-Stufe versagen, so scheint es, als würde unsere ganze Welt zusammenbrechen). Arianas Karte kam mit der Vorderseite nach oben zu liegen, somit handelte es sich um eine Schamanische Prüfung. Eine solche Prüfung zu durchlaufen, kann uns Jahre des Auf-der-Stelle-Tretens ersparen. Eine Möglichkeit, diese schamanische „Feuerprobe“ zu bestehen, liegt darin, über die Glut zu laufen, indem du anderen die Hand reichst und ihnen wahrhaft dienst.

Arianas dritte Karte bezieht sich auf die Rollen, die die meisten von uns in früher Kindheit annehmen, um unsere schrecklichen Versagensgefühle aus jener Zeit zu kompensieren und zu verbergen. Rollen führen in jungem Alter zu positiven Charakterzügen, mit zunehmendem Alter führen sie jedoch zu Erstarrung und Aufopferung. Der Ausweg aus unserem Rollenverhalten besteht darin, die Dinge aus freier Entscheidung heraus zu tun, und nicht aus Pflichtgefühl oder aufgrund von Erwartungen anderer. Durch Wahl wird Empfangen möglich.

Die Lösung finden: Erfolg, Begabung, Höheres Bewußtsein

Die positiven Karten helfen, eine Lösung auf die Probleme zu finden, die von den negativen Karten angesprochen wurden – dabei steht die erste positive Karte der ersten negativen Karte gegenüber und so weiter. Erfolg ist einer der Schlüssel, die Ariana helfen werden, durch die Herausforderung ihres Verborgenen Selbst hindurchzugehen, was bedeutet, daß der als eine Gabe empfangene Erfolg ihrem Verborgenen Selbst bei der Integration in die Gesamtpersönlichkeit helfen wird. Mit der Schamanischen Prüfung wird Ariana zurechtkommen, wenn sie ihre Gaben umarmt. Und schließlich wird das Rollenproblem verwandelt werden, wenn sie auf ihr Höheres Bewußtsein hört und dieses Thema von ihm klären läßt.

Drei-Karten-Problemlösungs-Befragung

Mit diesem Legesystem kannst du die verborgene Dynamik an der Wurzel jeglicher Fragen oder Probleme aufdecken (die erste Karte, die gezogen wird), die am besten geeignete Heilmethode bestimmen (durch Anwendung des Heilungsprinzips der zweiten Karte) und herausfinden, welche Gabe oder welchen Schatz dieses Problem verbirgt (die dritte Karte).

1 Sortiere die Karten und bilde drei Kartenkombinationen:

1 Die Opfer- und Beziehungs-Karten sowie die Karten des Unbewußten (schwarz, orange und blau);
2 Die Heilungs-Karten (grün);
3 Die Gaben- und Gnade-Karten (rosa und weiß)

Denke beim Mischen der einzelnen Kartenpäckchen über das anstehende Problem nach. Ziehe eine Karte aus dem ersten Stapel (schwarz, orange und blau). Sie steht für die Dynamik, die der Entstehung des Problems zugrunde liegt. Nimm dir genügend Zeit, um herauszufinden, was sie mit dem aktuellen Problem zu tun haben könnte. Wenn du das Gefühl hast, deine Überlegungen abgeschlossen zu haben, dann ziehe eine Karte aus dem zweiten Stapel (grün). Dies ist dann das Heilungsprinzip, das die Situation verwandeln wird. Denke darüber nach, in welcher Beziehung die Karte zu deinem Problem und der ihm zugrundeliegenden Dynamik stehen könnte. Ziehe zum Schluß eine Karte aus dem dritten Stapel (weiß und rosa). Sie steht für die Gabe, die infolge der Heilung die Situation bereichern wird – die Beseitigung der Blockade oder des Hindernisses.

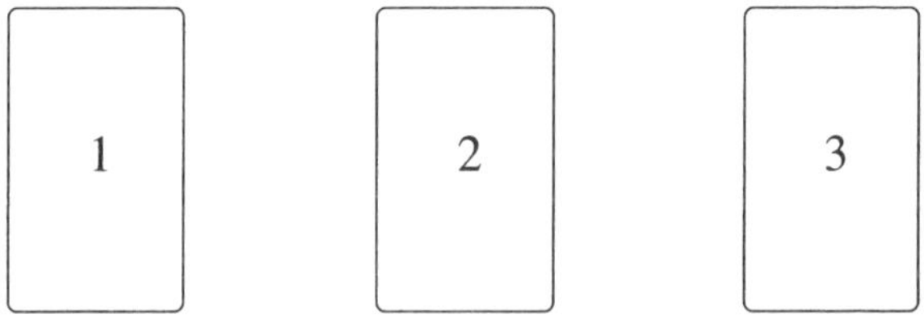

Problem der Situation — *Weg zur Verwandlung* — *Daraus hervorgehendes Geschenk*

2 Wenn du mit diesem Legesystem schon ein wenig vertraut bist, kannst du die Karten auch einfach nur in zwei Kombinationsstapel aufteilen:

1 Die Problem-Karten (schwarz, orange und blau);
2 Die positiven oder Lösungs-Karten (grün, rosa und weiß).

Ziehe zunächst eine Problem-Karte und anschließend zwei Karten aus dem positiven Stapel, die erste für den Durchbruch, die zweite für das Endergebnis – für das, was auf dich wartet, wenn der Verwandlungsprozeß abgeschlossen ist.

Befragungsbeispiel

Bill ging nach der ersten Methode vor und wählte drei Karten. Er zog Festhalten aus dem negativen Kartensatz, Wahrheit aus dem Stapel der Heilungs-Karten und Freude aus dem dritten Kartenpäckchen (Gaben- und Gnade-Karten).

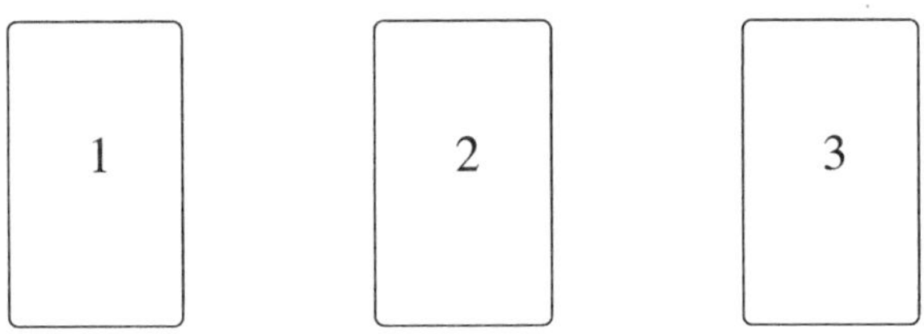

FESTHALTEN WAHRHEIT FREUDE

Festhalten war die Dynamik, die Bills Problem zugrunde lag, das wiederum mit mangelndem Erfolg in der von ihm gewählten beruflichen Laufbahn zusammenhing. Definitionsgemäß bezieht sich Festhalten immer auf nicht abgeschlossene Bereiche der Vergangenheit. Dies kann ein Festhalten an einer Vorstellung sein, wie die Vergangenheit hätte aussehen sollen oder wie schön doch ein bestimmter Teil der Vergangenheit war. Bills Intuition sagte ihm, daß sein Festhalten damit zu tun habe, wie sehr seine Familie würde leiden müssen, wenn er in seinem gewählten Beruf/seiner Laufbahn tatsächlich erfolgreich wäre. Darum hielt er an den Dingen fest, so wie sie waren.

Für das Prinzip, das bei diesem Problem den Durchbruch ermöglichen würde, stand Bills zweite Karte, die Wahrheit. Hinsichtlich dieses Prinzips hatte er das Gefühl, daß seine Wahrheit darin bestünde, einen Weg zu finden, wie er sein Familienleben und beruflichen Erfolg miteinander in Einklang bringen könne. Freude, seine dritte Karte, wurde für das Endergebnis gewählt, das aus der Anwendung des Durchbruch-Prinzips zur Lösung des Problems hervorgehen würde.

Wenn man diese Befragung einmal im Hinblick auf die darin enthaltenen Entscheidungsmöglichkeiten betrachtet, so bietet diese Situation die Möglichkeit zu sagen: „Ich will an diesem Problem nicht länger festhalten. Ich bin bereit, es loszulassen, um die Wahrheit zu erlangen. Ich bin bereit, es loszulassen, damit Freude in mir sein kann. Ich hatte einfach nur Angst, daß der nächste Schritt alles noch viel schlimmer machen würde, als es jetzt schon ist. Ich hatte das Gefühl, etwas verlieren zu müssen, um den nächsten Schritt machen zu können. Und all dies entspricht nicht der Wahrheit.“

Drei-Zentren-Beziehungs-Befragung

Eine Drei-Zentren-Befragung variiert je nach Art der Beziehung. Dementsprechend werden die Karten, die du ziehst, für leicht unterschiedliche Zentren stehen. Auf diesem Weg kannst du herausfinden, welche Blockaden möglicherweise auf energetischer Ebene in deinen Beziehungen vorhanden sind. Bei einer Legung für eine Liebesbeziehung beziehen sich die drei Zentren auf: **1** Kopf, **2** Herz und **3** Sexualität. Bei einer Legung für eine geschäftliche Beziehung lauten die drei Zentren: **1** Kopf, **2** Herz und **3** Macht/Erfolg.

Wenn du derzeit keine Beziehung hast, so könntest du durch diese Befragung etwas über eine zukünftige Beziehung lernen – über das, was ihr möglicherweise im Weg steht, oder über die Probleme, die in einer solchen Beziehung auftauchen könnten. Wenn du dir über aktuelle oder auf dich zukommende Probleme im klaren bist, bietet sich dir die Möglichkeit, sie jetzt zu heilen. Wenn sich diese Befragung auf einen zukünftigen Partner bezieht, kannst du dabei entweder bereits an einen bestimmten Menschen denken oder die Karten einfach für einen potentiellen (aber noch unbekannten) Partner legen. Denke daran, daß unsere Partner immer ein Spiegel unserer selbst sind; in bezug auf unser Wahrnehmungsvermögen sind sie ein Spiegel unseres Unterbewußtseins. Dies bedeutet, daß du in der Lage bist, alle Probleme zu heilen, die auf der Seite deines (potentiellen) Partners auftauchen. Verwende für diese Befragung das vollständige und gut gemischte Päckchen aller Erkenntnis-Karten.

Wenn du etwas über eine Liebesbeziehung herausfinden möchtest, dann lege die Karten nach folgendem Muster (bei geschäftlichen Beziehungen ist die Anordnung dieselbe, allerdings beziehen sich die dritte und die sechste Karte nicht auf das Sexualzentrum, sondern auf Macht und Erfolg).

	Du		*Dein Partner*
1	*Kopfzentrum* (Was in deinem Geist vor sich geht)	4	*Kopfzentrum* (Was im Geist deines Partners vor sich geht)
2	*Herzzentrum* (Was in deinem Herzen vor sich geht)	5	*Herzzentrum* (Was im Herzen deines Partners vor sich geht)
3	*Sexualzentrum* (Thema deines Sexualzentrums)	6	*Sexualzentrum* (Thema des Sexualzentrums deines Partners)

Diese sechs Karten beziehen sich auf den momentanen Stand der Beziehung. Denke daran, daß alle Problemkarten auf der Seite deines Partners als ein Spiegelbild deiner selbst angesehen werden können.

Um mit den Problemkarten auf beiden Seiten weiterzukommen, kannst du entweder

- die entsprechenden Kommentare und Techniken zur Heilung des Problems nachlesen oder
- die Heilungs-, Gaben- und Gnade-Karten in einem Päckchen zusammenfassen – vergiß dabei nicht, auch die ursprünglich gelegten Karten hinzuzufügen – und dann für jede Problemsituation (negative Karten) eine Karte als spezifische, heilende Antwort darauf ziehen.

Befragungsbeispiel

Christopher hatte gerade keine Beziehung, darum bezog sich seine Befragung auf eine zukünftige Beziehung, allerdings hatte er schon eine bestimmte Partnerin im Sinn, als er folgende Karten zog:

	Christopher		*Seine mögliche Partnerin*
1	*Kopfzentrum* WAHRE LIEBE	4	*Kopfzentrum* ANDERE LEBEN
2	*Herzzentrum* KOMMUNIKATION	5	*Herzzentrum* FESTHALTEN
3	*Sexualzentrum* VERBINDUNG	6	*Sexualzentrum* UNABHÄNGIGKEIT

Interpretation der Karten

Kopfzentrum

Die Gaben-Karte der Wahren Liebe ist eng mit Christophers Denken verbunden. Im Kopfzentrum seiner zukünftigen Partnerin liegt die Karte der Anderen Leben. Diese Karte zeigt, was ihrem Denken im Weg steht und sie in der Beziehung aufhält.

Herzzentrum

In Christophers Herzzentrum findet sich Kommunikation; sie spiegelt eine Heilung in seinem Herzen wider, denn es handelt sich hier um eine Heilungs-Karte. Wenn er die Gelegenheit dazu erhielte, würde er gerne durch Kommunikation eine Brücke zu seiner potentiellen Partnerin bauen. Sie hält jedoch in ihrem Herzzentrum an etwas oder an jemandem fest, und dieses Festhalten versperrt den Weg.

Sexualitätszentrum

Unten im Sexualitätszentrum steht die Heilungs-Karte der Verbindung für Christopher im Mittelpunkt; sie zeigt seine Bereitschaft, sich mit seiner Partnerin zu verbinden, sich und seine Gaben zu geben. Er hätte für dieses Zentrum keine bessere Karte ziehen können. Dagegen findet sich Unabhängigkeit im Sexualitätszentrum seiner Partnerin, was darauf hindeutet, daß sie möglicherweise zu einem früheren Zeitpunkt in ihrer Sexualität verletzt wurde und sich deshalb in dieser Hinsicht unabhängig gemacht und abgespalten hat. Da diese Karten den gegenwärtigen Stand der Beziehung repräsentieren, sieht es ganz so aus, als würde Christophers Partnerin zurückgehalten.

Voranschreiten

Da Christophers Partnerin jedoch auch als ein Spiegelbild seines eigenen Geistes angesehen werden kann, zog er drei Karten aus der Kombination der positiven Karten, um herauszufinden, wie sie beide vorankommen könnten (siehe nächste Seite).

Christopher zog Unschuld (eine Gnade-Karte), um die Andere-Leben-Karte im Kopfzentrum seiner Partnerin zu heilen; dann zog er Freude (eine weitere Gnade-Karte) zur Heilung des Festhaltens in ihrem Herzzentrum (erfahrene Freude läßt dich wissen, daß du weder an vergangenen negativen noch an verlorenen positiven Dingen festzuhalten brauchst); und um die Unabhängigkeit in ihrem Sexualitätszentrum anzugehen, zog er Vertrauen (eine Heilungs-Karte), denn der Auslöser dafür, daß Menschen in die Unabhängigkeit gehen, ist mangelndes Vertrauen beziehungsweise Angst, erneut verletzt zu werden. (Vertrauen ist ein natürliches Gegenmittel zur Unabhängigkeit).

Christophers mögliche Partnerin

Karte	Position	Karte	Position
4	*Kopfzentrum* ANDERE LEBEN	7	UNSCHULD
5	*Herzzentrum* FESTHALTEN	8	FREUDE
6	*Sexualzentrum* UNABHÄNGIGKEIT	9	VERTRAUEN

Deine Aufmerksamkeit vom Problem abzuwenden und sie statt dessen auf die Gabe zu lenken (von der dich das Problem abgelenkt hat), ist ein Schlüsselprinzip meiner Psychology of Vision. Diese Technik ist eines der einfachsten Mittel, um Probleme aller Art zu lösen. Christopher gelang es, sich so lange auf die Freude zu konzentrieren, bis das Festhalten mit all seinen damit einhergehenden Bedürfnissen und Ängsten zu entschwinden schien.

Befragung für Beziehungen

Mit dieser Befragung kannst du Blockaden innerhalb einer bestehenden Beziehung (romantischer, geschäftlicher, familiärer, sozialer oder anderer Art) oder einer neuen Beziehung im Weg stehende Blockierungen bereinigen. Dieses Legesystem befaßt sich mit

1 dir,
2 deinem Partner,
3 dem wichtigsten Aspekt eurer gemeinsamen Beziehung und
4 der Bedeutung eurer Beziehung für die Allgemeinheit und die Welt.

1 Ziehe einfach vier Karten aus dem vollständigen, gemischten Kartenpäckchen. Die erste Karte repräsentiert das momentan für dich in bezug auf Beziehungen wichtigste Thema (das, was ansteht). Die zweite Karte zeigt dasselbe für deinen Partner, wobei es sich um einen tatsächlichen oder um einen namentlich bekannten zukünftigen Partner handeln kann (oder vielleicht sogar um jemanden, den du noch gar nicht kennst). Die zweite Karte könnte aber auch für eine Überzeugung stehen, die du in bezug auf deinen Partner, einen in Frage kommenden Partner oder das entsprechende Geschlecht (Männer beziehungsweise Frauen) im allgemeinen hast. Die dritte Karte repräsentiert das Hauptthema dieser oder der möglichen Beziehung.

Neben der Bedeutung, die eine Beziehung für die beiden jeweiligen Partner hat, ist jede Beziehung auch für die Gemeinschaft und die Welt von Bedeutung. Die vierte Karte könnte somit einen Aspekt des Schenkens, der Heilung oder der Gnade repräsentieren. Wird hier eine „Fallen“-Karte gezogen, so bedeutet dies, daß beide Partner kamen, um genau dieses Problem für die Welt zu heilen, indem sie es innerhalb ihrer Beziehung heilen – und somit ist die Heilung ein Geschenk an die Welt.

Möglichkeit zur Fortsetzung der Befragung

Nachdem du die ersten vier Karten gezogen hast, kannst du für jede Karte eine weitere Karte ziehen, um dir die nächste Schicht zeigen zu lassen, die sich unter diesen Karten verbirgt.

2 Wenn sich unter den gelegten Karten eine oder mehrere Karten aus einer negativen Kartenfamilie (Opfer, Beziehung und das Unbewußte) befinden, dann ziehe hierfür eine Karte aus der Kombination der positiven Karten (Heilung, Gabe und Gnade). Dadurch wird es dir möglich, dich eher auf die Lösung als auf das Problem zu konzentrieren. Du kannst dann deine Achtsamkeit auf den Aspekt der Heilung, der Gabe oder der Gnade richten, in der Bereitschaft, diesen anzunehmen, zu empfangen, zu verinnerlichen und andere daran teilhaben zu lassen. Indem du deine Aufmerksamkeit auf das Positive ausrichtest, wird das Problem (oder zumindest eine wesentliche Schicht des Problems) von dir abfallen, denn dieses war ursprünglich ja nur ein Verteidigungswall gegen die Heilung, die Gabe oder die Gnade, die dir zukommen soll.

Befragungsbeispiel

Gina zog für diese Befragung folgende vier Karten:

Ginas Position — *Position ihres Partners*

1 ROLLEN — 2 KONTROLLE

Hauptthema der Beziehung

3 WERTLOSIGKEIT

Was die Beziehung bringen wird

4 BEGABUNG

Rollen handeln von Kompensation, und Kompensation hat mit einem Geben zu tun, das kein Empfangen zuläßt. Dies führt in Beziehungen zu einer Leere, die für jedermann erfahrbar ist. In Ginas Fall war es jedoch so, daß sie dadurch jedesmal zurückgehalten wurde, wenn sich die Möglichkeit einer neuen Beziehung bot.

Die Rollen-Karte bietet die Möglichkeit, sie in die Luft zu werfen. Fällt sie mit dem Bild nach oben, so bedeutet dies, daß es hier um allgemeine Rollen geht; wenn die Karte hingegen mit der Vorderseite nach unten zu liegen kommt, so geht es um Rollen innerhalb der Familie (Held, Märtyrer, Sündenbock, verlorenes Kind und Maskottchen). Bei Gina fiel die Karte jedoch auf die Kante und blieb, an einen Gegenstand angelehnt, auch auf der Kante liegen. Somit haben bei ihr beide Seiten eine gewisse Bedeutung. Sie hatte das

Gefühl, ihre Rolle innerhalb der Familie sei das Maskottchen, das sowohl mit den Beziehungs- als auch mit den Familienfallen in Zusammenhang steht.

Die zweite Karte, die die Beziehungsthematik ihres potentiellen Partners beziehungsweise die von ihm in der Beziehung eingenommene Haltung widerspiegelte, war Kontrolle. Hier geht es darum, wie er sich selbst und seine Mitmenschen kontrolliert und dadurch Machtkämpfe hervorruft.

Als dritte Karte, die für das Hauptthema steht, das in dieser Beziehung aufkommen würde, wählte sie Wertlosigkeit. Dies ist ein Thema, das bei jedem Menschen und in jeder Beziehung geheilt werden will, da die Karte jedoch an dieser Stelle auftauchte, war dieses Thema für Gina unmittelbar aktuell.

Die vierte Karte, die Gina zog, war Begabung; sie repräsentiert die Heilung, die durch die beiden Partner, auf die sich diese Befragung bezieht, vollbracht werden kann. Ihre Beziehung wird ihren Mitmenschen und der Welt weitere Gaben bringen.

Möglichkeit zur Fortsetzung der Befragung

Ginas Position		*Position ihres Partners*	
1	ROLLEN	2	KONTROLLE
Hauptthema der Beziehung			
3	WERTLOSIGKEIT	5	BEDÜRFTIGKEIT
Was die Beziehung bringen wird			
4	BEGABUNG	6	SCHULD

Um zu sehen, welche Gabe oder welches Thema sich hinter ihrer dritten Karte, der Wertlosigkeit, verbarg, zog Gina eine weitere Karte, die Karte der Bedürftigkeit – eine Form der Abhängigkeit, zu der es in Beziehungen nach der Zeit der ersten Verliebtheit kommt. (Einer der beiden Partner begibt sich in die Abhängigkeit, während der andere um so unabhängiger wird.) Dann zog sie noch eine sechste Karte, um herauszufinden, welche Thematik oder welche Gabe ihrer vierten Karte (der Begabung) zugrunde lag. Sie zog die Karte der Schuld, ein Zeichen dafür, daß die Vergangenheit versucht, ihre Gegenwart zu lenken und zu kontrollieren. Schuld kann durch vielerlei Dinge ausgelöst werden, beispielsweise durch Gefühle des Versagens, sexuelle Probleme, das eigene große Glück, ja sogar dadurch, daß wir denken: „Wie konnte ich nur so einen wunderbaren Partner finden, um den mich jeder beneidet?", und durch in der Vergangenheit erfahrene Gefühle der Unwürdigkeit. Gina fühlte sich besonders schuldig, weil sie eine so glückliche Vergangenheit erlebt hatte.

Zusätzliche Fortsetzungsmöglichkeit

Die von Gina gezogenen Fallen oder Probleme waren die Karten der Rollen, der Kontrolle und der Wertlosigkeit. Um ihre Aufmerksamkeit von den Problemen auf die darin enthaltenen Aspekte der Heilung, der Gaben und der Gnade zu lenken, zog sie dann für jede Problem-Karte (Fallen-Karte) jeweils eine Karte aus dem Kombinationsstapel der positiven Karten. (Sie hätte dies auch für die im anschließenden Befragungsschritt gezogenen Karten tun können, um aufzudecken, was der Karte der Beziehungsthematik zugrunde lag, wollte dies aber nicht.)

Fluß wurde gezogen, um die Rollen-Karte zu heilen. Fluß ist eine Führungseigenschaft. So, wie auch das Glück zu dir kommt, geschieht alles einfach für dich, wenn du im Fluß bist. Die Gaben-Karte der Freiheit zog sie als Gegenmittel für die Kontroll-Karte, die ihr Wunschpartner erhalten hatte. Sein Kontrollverhalten verbirgt das Geschenk der Freiheit. Wenn wir unsere Freiheit erkennen, werden wir frei von der Vorstellung, uns selbst und andere kontrollieren zu müssen. Loslassen wurde gewählt, um die Karte der Wertlosigkeit zu heilen, die Gina für das in dieser Beziehung an die Oberfläche kommende Hauptthema gezogen hatte.

Baum-des-Lebens-Befragung

Mit dieser Befragung können Themen allgemeiner Art (z. B. der nächste Schritt) oder auch ganz bestimmte Themen (z. B. Geld, Erfolg oder Sex) angegangen werden. Wenn du erst herausgefunden hast, welche Aspekte oder Muster an einem Problem beteiligt sind, hast du auch die Möglichkeit zu lernen, wie du diese am besten überwinden und verwandeln kannst. Ziehe fünf Karten aus dem vollständigen Stapel, und lege sie in der folgenden Art und Weise:

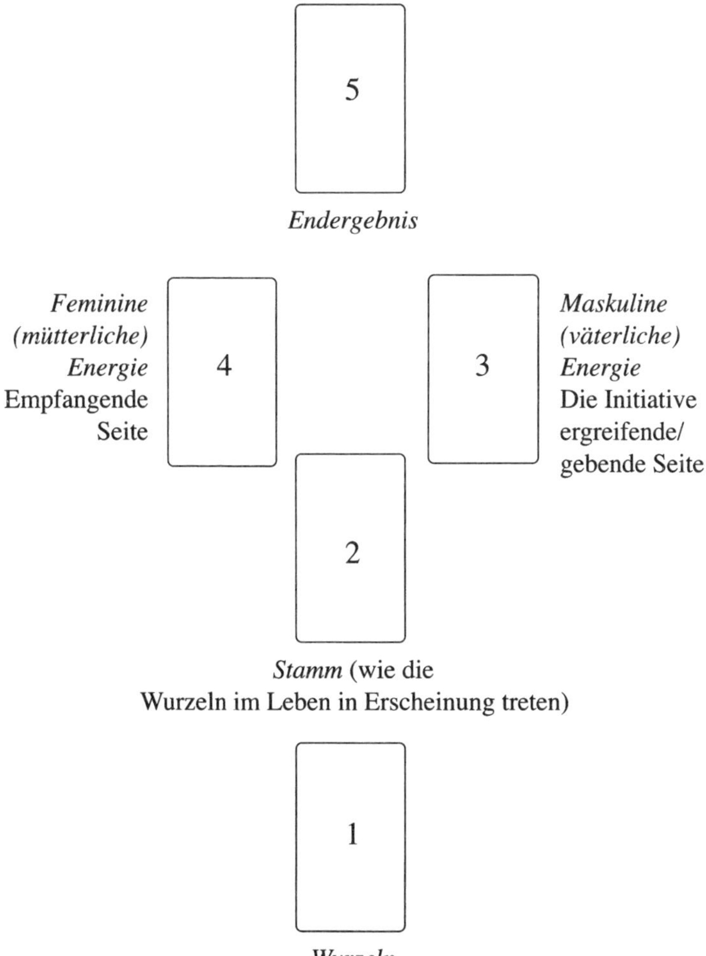

Die dritte und vierte Karte stellen gleichzeitig einen Spiegel deiner Beziehung zu deinem Vater beziehungsweise deiner Mutter dar; ebenso spiegelt sich die Beziehung zu deinem Partner in der Karte wider, die du für den Elternteil seines Geschlechts erhalten hast.

Befragungsbeispiel

Joseph entschied sich für eine Befragung ganz speziell zum Thema Erfolg. Seine Karten waren: **1** Friede, **2** Vision und Wahl ("versehentlich" wurden zwei Karten gezogen), **3** Fluß, **4** Machtkampf und **5** Schuld.

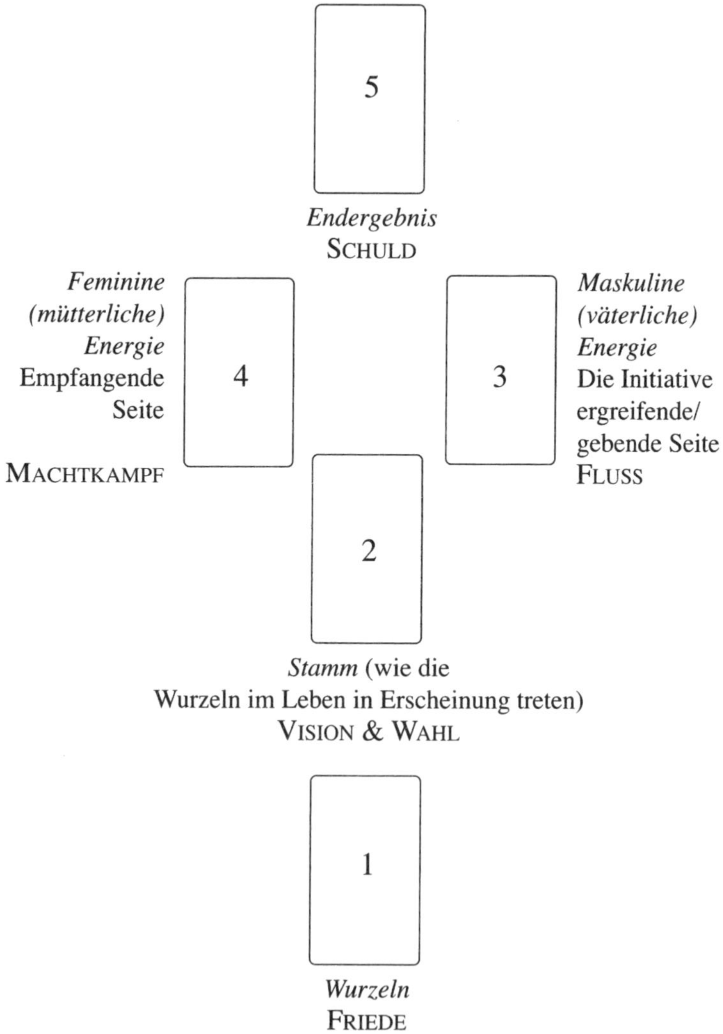

An der Wurzel dieser Befragung zum Thema Erfolg hatte Joseph die Karte des Friedens (denke daran, Friede ist der Ort, dem Glücklichsein, Fülle und Gesundheit entspringen – ja selbst unsere Verbindung zu Gott kommt durch diesen Kanal). Dies bedeutet, daß Joseph, was den Erfolg betrifft, voller Friede (Zuversicht) ist und daß Erfolg sein Geschenk an die Welt und das Leben darstellt. Wie sich dieser Erfolg manifestiert, zeigt der Stamm des Baumes, für den zwei Karten gezogen wurden. Die Visions-Karte offenbart, daß er auf diese Welt kam, um völlig neue Wege des Erfolgs zu gehen. Die Karte der Wahl bedeutet, daß er die Macht seines Geistes nutzen und den Erfolg wählen kann.

Im männlichen Bereich, der auch die Beziehung zu seinem Vater widerspiegelt, findet sich ein Element des Flusses. Auf seiner weiblichen Seite mag er zwar die richtigen Einfälle haben, doch offensichtlich ist das Empfangen zum Stillstand gekommen, was die Karte des Machtkampfes zeigt. Sie bezieht sich auf einen Aspekt der Beziehung zu seiner Mutter, der unweigerlich so lange in der Beziehung zu seiner Frau an die Oberfläche kommen wird, bis er geheilt ist.

Schuld, die Karte für das Endergebnis, zeigt die von ihm beschriebenen Schuldgefühle, die immer dann auftauchen, wenn nicht alles nach dem Willen seiner Frau geht, denn in diesem Fall bezieht sich diese Karte auf seine weibliche Seite. Übertragen auf den Machtkampf heißt dies, daß Joseph in gewisser Weise noch immer unabhängig ist – daß er auf eine bestimmte Art gegen seine Mutter ankämpft, vielleicht Angst vor der Weiblichkeit hat und sich von ihr zurückzieht. Angesichts der Schuldkarte hat Joseph jedoch Angst, einen ihm nahestehenden Menschen seinetwegen in die Aufopferung zu drängen oder zum Verlierer zu machen, weshalb er sich gegen den Erfolg entschieden hat.

Chakra-Befragung

Ziel der Chakra-Befragung ist es, mehr über die wichtigsten Energiezentren des Körpers zu erfahren und herauszufinden, wo Blockaden vorhanden sind und wie du sie heilen kannst. Diese Auslegung kann dir enthüllen, **1** womit du in dieses Leben kamst (womit du geboren wurdest) und/oder **2** wo du dich jetzt befindest.

1 Mische den kompletten Kartenstoß und wähle sieben Karten. Sie stehen für die folgenden Energiezentren entlang der Wirbelsäule.

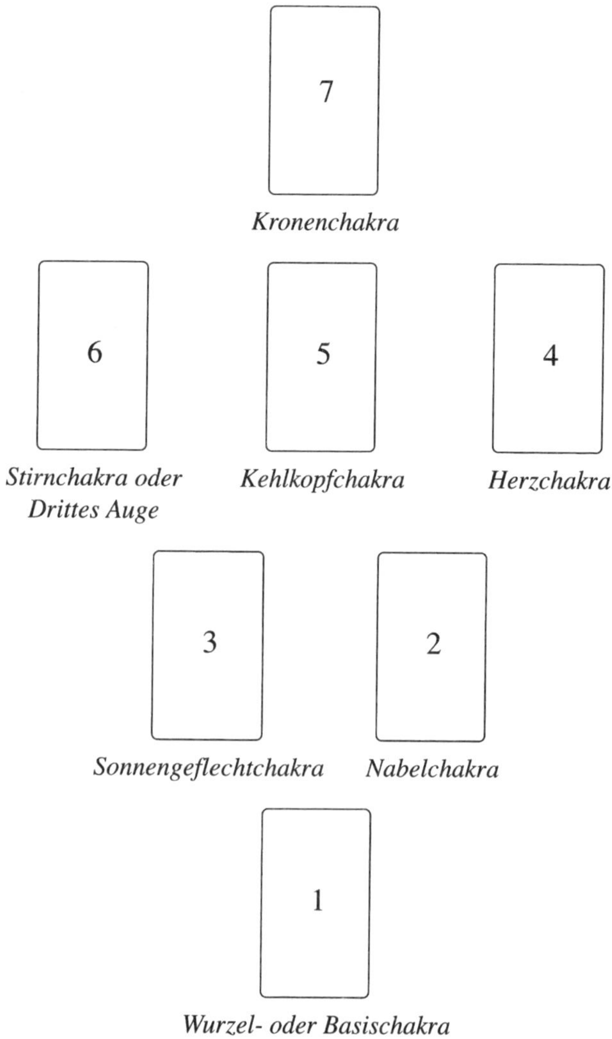

1 Wurzel- oder Basischakra: Befindet sich im Bereich des Beckenbodens, symbolisiert deine Lebensenergie und deine sexuelle Energie, die ein Ausdruck der Lebensenergie ist.
2 Nabelchakra: Befindet sich etwa 7,5 cm unterhalb des Nabels; steht für dein Selbstbild und Selbstwertgefühl. Im Zusammenhang mit deinem Selbstbild hat es auch mit sexueller Energie zu tun.
3 Sonnengeflechtchakra: Befindet sich etwa 7,5 cm oberhalb des Nabels und steht für Kraft, Wille und Erfolg, hat in der Regel mit Beruf und Karriere zu tun.
4 Herzchakra: Befindet sich in der Mitte des Brustraums, auf der Höhe des Herzens, und hat mit Liebe in persönlichen Beziehungen zu tun.
5 Kehlkopfchakra: Auch Führungs-Chakra genannt, symbolisiert eine Haltung des Dienens oder ganz allgemein der Nächstenliebe und ist ein weiteres Kraftzentrum.
6 Drittes Auge oder Stirnchakra: Befindet sich zwischen den Augenbrauen in der Mitte der Stirn und steht für deine „Vision im Leben" oder dein Denken.
7 Kronenchakra: Befindet sich am Scheitelpunkt des Kopfes und repräsentiert deine Offenheit für das Spirituelle.

2 Wirf die Karten zum Abschluß der Deutung, um eventuellen Fallen- oder Problemkarten aus der ersten Befragung (womit du geboren wurdest) weiter nachzugehen: Wenn eine Karte mit der Vorderseite nach unten zu liegen kommt, heißt dies, daß die Falle oder das Problem zum Zeitpunkt der Befragung bereits bereinigt ist; wenn die Karte mit dem Bild nach oben liegen bleibt, bedeutet dies, daß die Falle oder das Problem weiterhin der Klärung bedarf. Du kannst dann für jedes verbleibende Problem eine Karte aus dem Kombinationsstapel der Heilungs-, Gaben- und Gnade-Karten ziehen, um festzustellen, wie du am besten durch die jeweilige Angelegenheit hindurchgehen kannst.

Befragungsbeispiel

Tanja wollte bei dieser Befragung lieber ihren momentanen Standort betrachten, als auf das zu schauen, womit sie ins Leben kam (womit sie geboren wurde). Sie zog der Reihe nach folgende Karten für die Hauptenergiezentren: **1** Festhalten, **2** Vision, **3** Freiheit, **4** Freude, **5** Dunkle Geschichte, **6** Ahnenproblem und **7** Fluß.

Wurzel

Tanjas erste Karte, das Festhalten, zeigt, wie sie bisher mit ihrem Leben und ihrer sexuellen Energie umgegangen ist.

Selbstbild

Für das Selbstbild-Chakra wählte Tanja die Visions-Karte, mit der Licht, Erleuchtung und das Mystische assoziiert werden.

Wille

Freiheit war Tanjas dritte Karte, die das Chakra repräsentiert, das mit Karriere, Stärke und Erfolg in Verbindung steht. Das bedeutet große Freiheit für sie, in ihrem Leben, soweit es ihre Arbeit betrifft, das zu tun, was sie möchte.

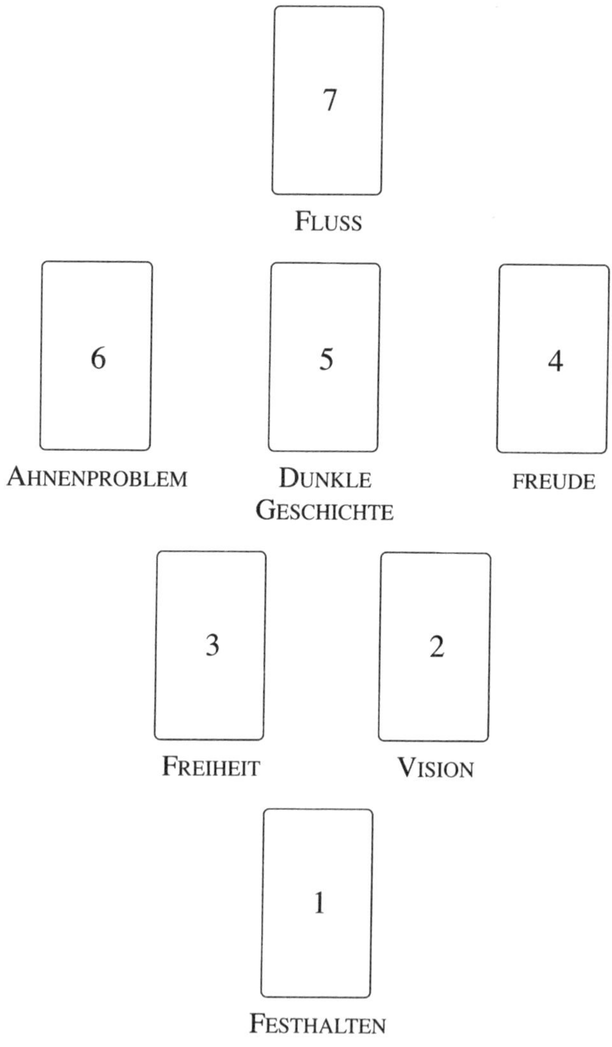

Herz

In ihrem Herzzentrum lag Freude. Diese Freude bezieht sich auf die Kontakte, die sie zu anderen Menschen herstellt, und auf die Liebe, die sie anderen Menschen entgegenbringt.

Kehle

Im Kehlkopf- oder Führungs-Chakra hat Tanja bisher ihre „Dunkle Geschichte“ erzählt. Sie hatte das Gefühl, bei der von ihr erlebten Geschichte handle es sich um einen „Alptraum“. Ihn kompensierte Tanja dadurch, daß sie anderen half; doch dieses Helfen geschah durch eine Rolle und Aufopferung statt durch wahrhaftes Dienen.

Drittes Auge

Ihre sechste, für das Dritte Auge gezogene Karte war das Ahnenproblem, das besagt, daß ein Problem über mehrere Generationen hinweg an einen Elternteil weitergegeben wurde (sie hatte den Eindruck, in ihrem Falle sei dies auf seiten ihrer Mutter geschehen) und daß hinsichtlich der „Vision im Leben“ eine Blockade vorhanden ist.

Scheitel

Im Scheitelchakra, auf spiritueller Ebene, wird Tanja vom Fluß inspiriert. Dadurch hat sie mit Leichtigkeit voranschreiten können, und stets ist ihr ein Weg gezeigt worden, auf dem sie durch alle großen Hindernisse hindurchgehen konnte.

Befragung zur Lebensaufgabe

Mit diesem Legesystem kannst du mehr über deine persönliche Lebensaufgabe erfahren, so daß du deine Achtsamkeit und deine Energie entsprechend ausrichten kannst. Zusätzlich kannst du die Karten auch für einen ganz bestimmten Bereich legen, um mehr Einsicht, bewußtes Gewahrsein und Verständnis in Verbindung mit deiner Lebensaufgabe zu gewinnen (z. B. Arbeit, Geld, Beziehungen, Kinder), außerdem können die Karten für einen bestimmten Zeitraum befragt werden.

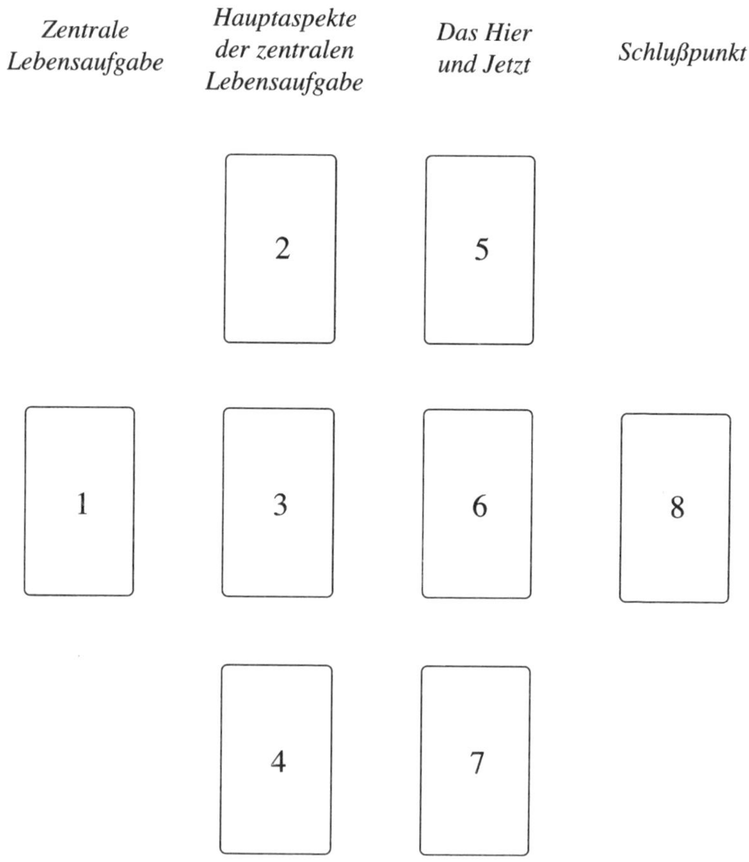

Gehe bei der Befragung in folgenden drei Schritten vor:

1 Wähle vier Karten. Die erste Karte steht für deine zentrale Lebensaufgabe und den Kern deines Daseins – was du zu geben auf die Welt gekommen bist. Eine hier gewählte Problem- oder Fallen-Karte zeigt, welche Blockade deiner Lebensaufgabe und deinem Sein im Wege steht; sie macht aber auch deutlich, was du durch dein Hiersein für die Welt heilen willst. Die zweite, dritte und vierte Karte spiegeln die wichtigsten, aus der zentralen Lebensaufgabe hervorgehenden Aspekte wider.
2 Wähle drei weitere Karten – die Karten fünf, sechs und sieben. Sie sprechen das gegenwärtige Geschehen im Hinblick auf deine Lebensaufgabe an – das Hier und Jetzt.
3 Nimm eine letzte Karte. Die achte Karte zeigt das Ergebnis der ersten beiden Interpretationsschritte auf, nämlich die Bedeutung der zentralen Lebensaufgabe und ihrer wichtigsten Aspekte unter Berücksichtigung der gegenwärtigen Ereignisse. Karte acht fungiert als Schlußpunkt – als das Omega – dessen, was mit der ersten Karte – dem Alpha – seinen Anfang nahm. Sie zeigt dir den Weg zur Erfüllung deiner Lebensaufgabe, sie steht für die Dinge, die du aufgerufen bist, zu heilen (falls es sich um eine Problemkarte handelt), oder für die Gaben, mit denen du geboren wurdest, um sie in die Welt hinauszutragen.

Befragungsbeispiel

Michael beschloß, die Karten nach seiner persönlichen Lebensaufgabe zu befragen.

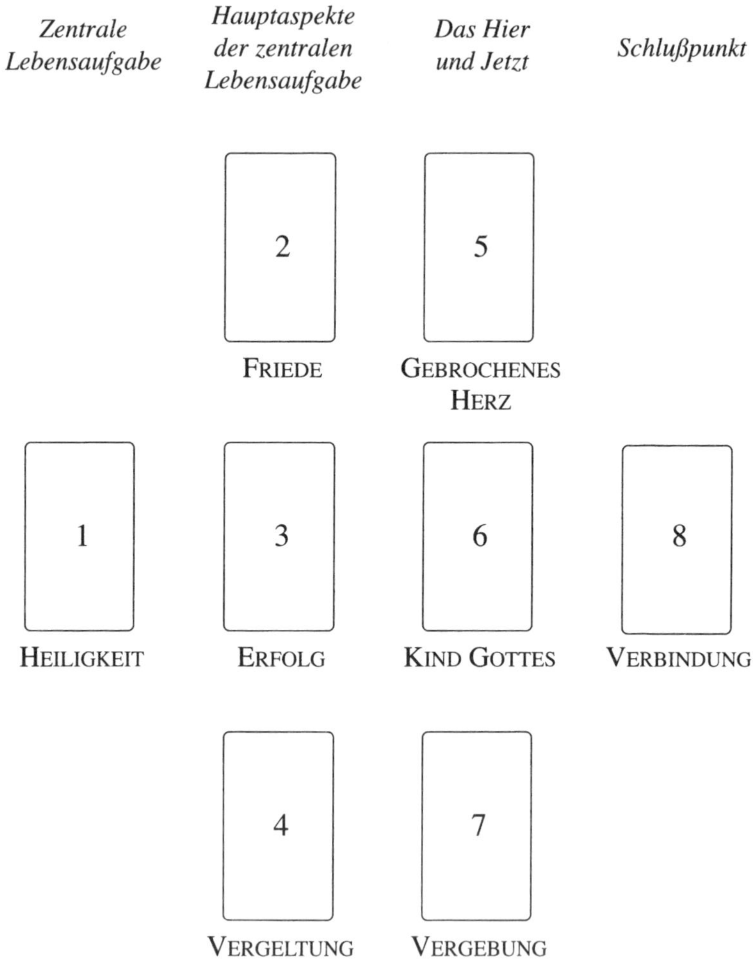

Die ersten vier Karten, die er zog, waren **1** Heiligkeit, **2** Friede, **3** Erfolg und **4** Vergeltung. Heiligkeit offenbart, daß Michaels wesentliche Aufgabe auf dieser Welt darin besteht, seine Ganzheit und seine Heiligkeit zu erkennen, und daß er auf die Erde kam, um genau dies der Welt zu geben. Diese Karte repräsentiert Michaels wahres Sein und die Bestimmung seines Hierseins. Seine Lebensaufgabe handelt davon, die Menschen zu erlösen, sie zur Erkenntnis zu führen und ihnen den Weg zu zeigen.

Friede ist der erste wichtige, aus der persönlichen Lebensaufgabe hervorgehende Bereich; gemeint ist jener Friede, dem alle Fülle, alles Glücklichsein, alle Gesundheit und Freude entspringen. Der zweite Aspekt von Michaels Lebensaufgabe hängt mit Erfolg in allen Lebensbereichen – Arbeit, Beziehungen, Familie und so weiter – zusammen. Karte vier, die Vergeltung, steht höchstwahrscheinlich für seine Rache an Gott, an seinem Elternhaus und an den Menschen, mit denen er eine Beziehung hatte, und zum Teil wird sein mangelnder Erfolg im Bereich der Familie und der Beziehungen hierdurch bedingt.

Dann zog Michael die drei folgenden Karten: **5** Gebrochenes Herz, **6** Kind Gottes und **7** Vergebung. Sie stehen für die momentanen Ereignisse in seinem Leben. Ein Gebrochenes Herz besagt, daß es immer noch etwas gibt, das er nicht akzeptiert, und dies bedeutet, daß der Schmerz, der ihn in der Vergeltung eingeschlossen hat, noch immer vorhanden ist. Die Kind-Gottes-Karte offenbart, daß er seine Verbindung zu Gott erkennt und somit anerkennt, all das Gute zu verdienen. Auch die Gnade und die Heilung bringende Gabe der Vergebungs-Karte berühren sein jetziges Leben. Dadurch kann die Vergeltungs-Karte geheilt werden, die mit der Familie, mit Beziehungen und Gott in Verbindung steht.

Verbindung wurde als letzte Karte gewählt – das Resultat der ersten beiden Befragungsschritte – die Bedeutung seiner Lebensaufgabe und ihrer wichtigsten Aspekte im Hinblick darauf, wie sich diese auf die momentan in seinem Leben stattfindenden Ereignisse beziehen. Diese letzte Karte steht entweder für die Dinge, die ein Mensch für die Welt zu heilen kam (falls es sich um eine Fallen-Karte handelt) oder für sein Geschenk an die Welt. Verbindung macht den Weg dann leicht und unbeschwert, vor allem wenn Michael nicht vergißt, daß Heiligkeit seine ureigene Lebensaufgabe ist.

Tarot-Befragung

Einer Tarot-Befragung liegt immer eine möglichst umfassende und bedeutungsschwere Frage zugrunde. Sie kann sich auf Themen wie deinen nächsten Schritt, Beziehungen, Beruf und Karriere oder ein geschäftliches Vorhaben beziehen. Die für diese Legung (aus dem vollständigen Kartenpäckchen) ausgewählten Karten offenbaren und sprechen mehrere unterschiedliche Aspekte an, die auch von anderen Legesystemen gestreift werden. Wenn eine Karte eine Falle oder einen Ort darstellt, an dem für dich die Gefahr des Steckenbleibens besteht, kannst du, wie auch bei den anderen

Legesystemen, hierfür eine Karte aus dem positiven Kombinationsstapel (Heilungs-, Gaben- und Gnade-Karten) als ein speziell dieser Karte entgegenwirkendes Mittel ziehen. Lege die gewählten Karten wie folgt:

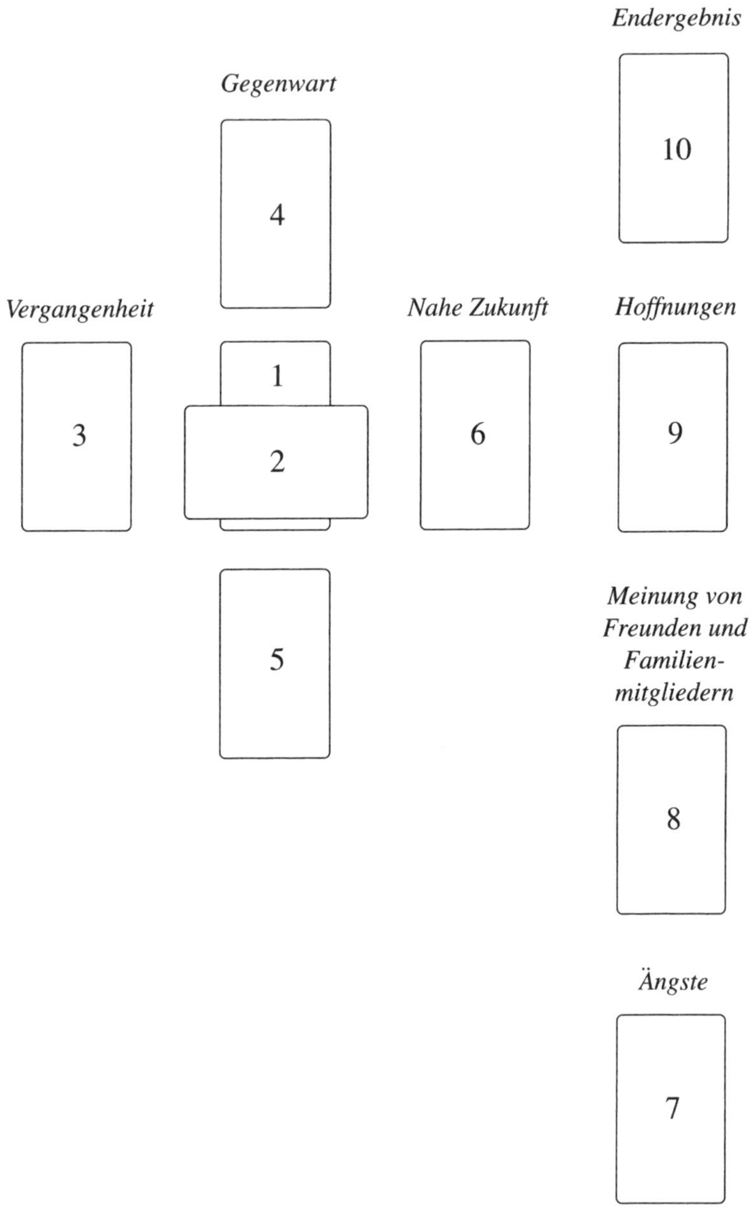

Die Karten stehen für:

1 dich, **2** das, was deinen Weg kreuzt, **3** die Vergangenheit, **4** das, was deinen Geist beschäftigt, **5** das, was aus deinem Unterbewußtsein hochkommt, **6** das, was sich in unmittelbarer Zukunft ereignen/ans Licht kommen wird, **7** deine größte Angst in dieser Situation, **8** die Meinung deiner Freunde und deiner Familie zu diesem Thema, **9** deine Hoffnungen und Wünsche (Dinge, von denen du dir wünschst, daß sie aus dieser Situation heraus geschehen mögen) und **10** das Endergebnis.

Befragungsbeispiel

Serena stellte für diese Legung die Frage: „Welches ist der nächste Schritt in all den Bereichen, die für mein Leben von Belang sind?" Als Antwort auf diese Frage zog sie die auf der nächsten Seite dargestellten Karten.

Vergangenheit und Gegenwart

Die erste Karte, Kind Gottes, besagt, wer Serena ist, und daß sie sich im Kontext dieser Frage als ein Kind Gottes betrachtet, das auf den nächsten Schritt zugeht. Was ihren Weg jetzt (zum Zeitpunkt der Deutung) kreuzt, ist Friede, wohingegen die Vergangenheit ein Ort der Werturteile (Karte drei) und der Schuldzuweisungen war. Was ihren Geist beschäftigt, ist Wertlosigkeit. Somit hat sich Serena, obwohl sie sich in einem Stadium befindet, das einen Ort der Wahrheit (als ein Kind Gottes überkreuzt von Friede) darstellt, bisher für wertlos gehalten.

Was aus ihrem Unterbewußtsein auftaucht, ist ein Persönlicher Mythos. Um den eigenen Persönlichen Mythos aufzudecken, brauchst du einfach nur folgende Frage zu stellen: „Wenn ich eine Gestalt aus einer Legende, einem Märchen oder eine historische Persönlichkeit wäre, wen würde ich dann verkörpern?" Serena hatte allerdings das Gefühl, daß keiner dieser Charaktere auf sie zutraf. Da der Persönliche Mythos zu den Karten des Unbewußten gehört und bei dieser Legung auf einer Position liegt, die das Unterbewußtsein beschreibt, ist das, was bei dieser Befragung ans Licht kommt, etwas Unbewußtes. Sie hatte das Gefühl (die Intuition), daß der Mythos beziehungsweise die Geschichte, die bisher als Drehbuch ihres Lebens fungierte, von Abspaltung, Trennung und Isolation handelte, verbunden mit einem Gefühl des Nicht-Dazugehörens, des Nicht-Dazupassens, oder sich nicht an einem für sie bestimmten Ort zu befinden. Sie identifizierte sich mit einem teils menschlichen, teils tierähnlichen/eidechsenartigen Wesen – einem für sie neuen Archetypen oder geistigen Bild. Sie hat das Gefühl eines gespaltenen Geistes, des Lebens zwischen zwei Welten erfahren und gespürt, daß ein Teil ihrer selbst eigentlich die wenigste Zeit in unserer alltäglichen Welt lebt.

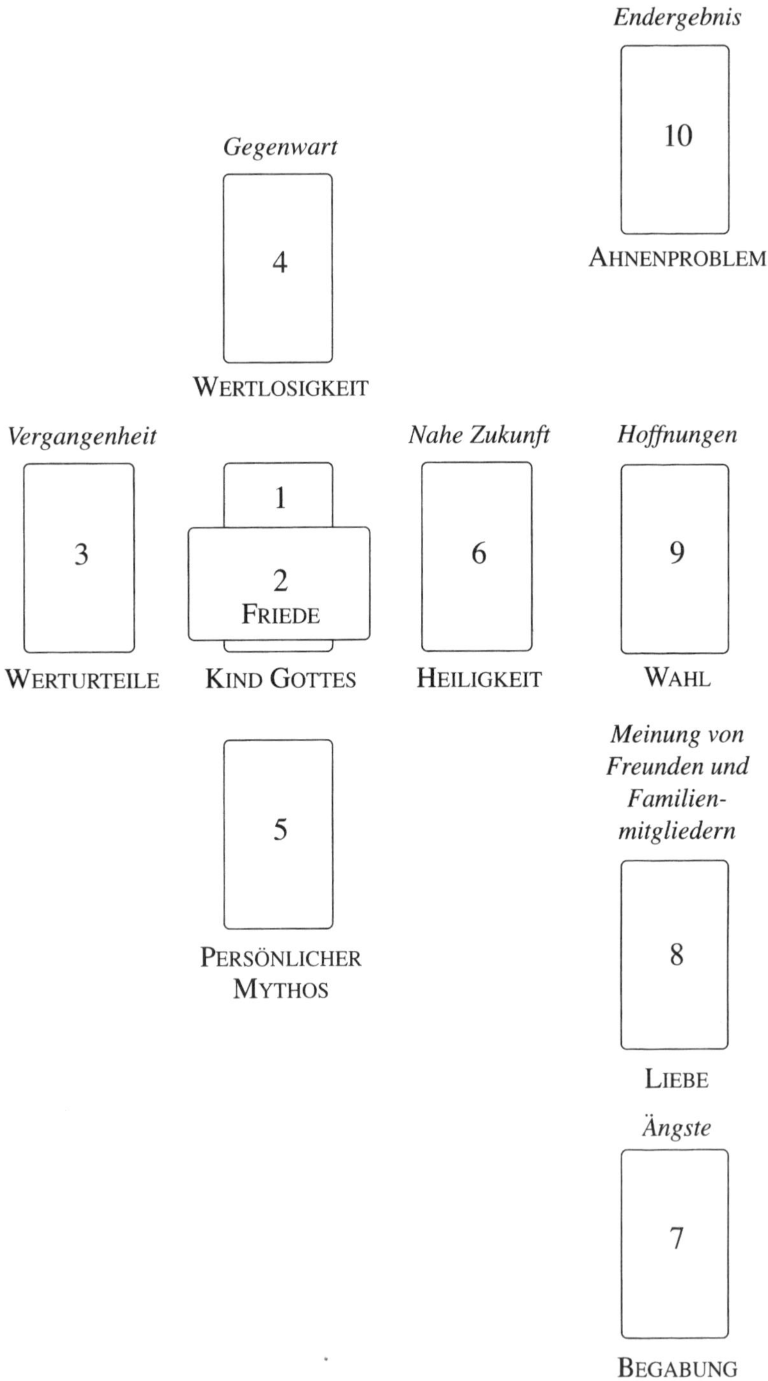
Endergebnis
10
AHNENPROBLEM
Gegenwart
4
WERTLOSIGKEIT
Vergangenheit
3
WERTURTEILE
1
2
FRIEDE
KIND GOTTES
Nahe Zukunft
6
HEILIGKEIT
Hoffnungen
9
WAHL
5
PERSÖNLICHER MYTHOS
Meinung von Freunden und Familienmitgliedern
8
LIEBE
Ängste
7
BEGABUNG

Der Zukunft ins Auge blicken

Was kurz vor dem Durchbruch steht, ist Heiligkeit, wodurch die Wertlosigkeit und der Persönliche Mythos einfach zur Bedeutungslosigkeit verblassen werden, je nachdem, worauf Serena ihre Aufmerksamkeit richtet. Heiligkeit ist eine Karte der Gnade, das heißt, sie wird uns einfach dargeboten, ohne daß wir sie uns verdienen müßten. Vor ihrer Begabung hat sich Serena bisher gefürchtet. Sie hatte Angst, so begabt zu sein, so viele Möglichkeiten und so große Führungsqualitäten zu haben.

Die nächste Karte zeigt, daß ihre Familie und ihre Freunde keinerlei Probleme sehen. Sie sehen Serena einfach nur als einen Menschen, der Liebe ausströmt; damit war die Seite der (eingebildeten) Fallen und Probleme nur ihr selbst als wahr erschienen. Mit vier Gnade-Karten in der mittleren Reihe ist diese Befragung eine besonders kraftvolle. Serena hat das, was sich über ihr (Wertlosigkeit) und unter ihr (Persönlicher Mythos) befindet, als Blockaden benutzt, die sie davon abhalten sollten, sich daran zu erfreuen, wie gut die Dinge wirklich sind. Ihr Ziel kommt in Form der Wahl, ihrer nächsten Karte, ans Tageslicht, was bedeutet, daß sie ganz einfach die Dinge so wählen könnte, wie sie diese haben möchte. Das Endergebnis läßt Serena einem Ahnenproblem ins Auge blicken. Alle zu dieser Karte hinführenden Schritte haben den Weg frei gemacht, so daß sie nun in der Lage ist, einem innerhalb ihrer Familie weitergegebenen Muster entgegenzutreten und es zu heilen.

Serena wählte eine Karte aus dem positiven Kombinationsstapel, um das am besten geeignete Gegenmittel für die Ahnenproblem-Karte zu finden, und zog Vertrauen. Dies bedeutet, daß sich das Problem durch bloßes Vertrauen entfalten und geheilt werden kann.

Familien-Befragung

Eine Familien-Befragung kann sich entweder auf deine jetzige Familie oder auf die Familie, in die du hineingeboren wurdest und in der du aufgewachsen bist, beziehen. Sie wird dir helfen, mehr über die Aufgabe deiner Familie zu erfahren und, falls Probleme auftauchen, einen Lösungsweg zu finden.

1 Wenn du die Karten für deine jetzige Familie legst, ziehe mindestens fünf Karten aus dem vollständigen Kartenpäckchen: **1** Familien-Karte, **2** Aufgabe der Familie, **3** Selbst, **4** Lebensgefährte/Ehepartner – eine zusätzliche Karte für jedes weitere Familienmitglied – **5** Endergebnis.
2 Wenn du die Karten für die Familie legst, in die du hineingeboren wurdest und in der du aufgewachsen bist, dann wähle mindestens sechs Karten sowie eine weitere Karte für jedes deiner Geschwister beziehungsweise

für jedes andere wichtige Familienmitglied; die Karten könnten dann etwa folgendermaßen gelegt werden: **1** Familien-Karte, **2** Aufgabe der Familie, **3** Vater, **4** Selbst, **5** Mutter, **6**, **7**, **8**, **9** weitere Familienmitglieder und **10** Endergebnis.

Da sich eine Kartenbefragung zur Familie, in die man hineingeboren wurde und in der man aufgewachsen ist, auf die Vergangenheit bezieht, besteht die Möglichkeit, alle eventuell gezogenen „Fallen"-Karten der Reihe nach zu werfen. Kommen die Karten mit dem Bild nach unten zu liegen, ist die betreffende Angelegenheit bereits geheilt. Ziehe dann für jede noch klärungsbedürftige Falle (Karte mit dem Bild nach oben), die bei dieser Befragung oder bei der Befragung für deine jetzige Familie übrigbleibt, eine Karte aus dem positiven Kombinationsstapel (Heilungs-, Gaben- und Gnade-Karten), um so die entsprechende Lösung zu finden.

Befragungsbeispiel

Bruce entschied sich bei dieser Befragung für die Familie, in der er aufgewachsen ist, und wählte folgende Karten:

1 Familien-Karte: Kommunikation, **2** Aufgabe der Familie: Unschuld, **3** Vater: Ahnenproblem, **4** Mutter: Vergeltung, **5** Selbst: Gebrochenes Herz, **6** Älterer Bruder: Persönlicher Mythos, **7** Jüngerer Bruder: Der Schatten, 8 Schwester: Erwartungen, **9** Endergebnis: Todessehnsucht.

Nachfolgend wird die Auslegung dieser Karten beschrieben.

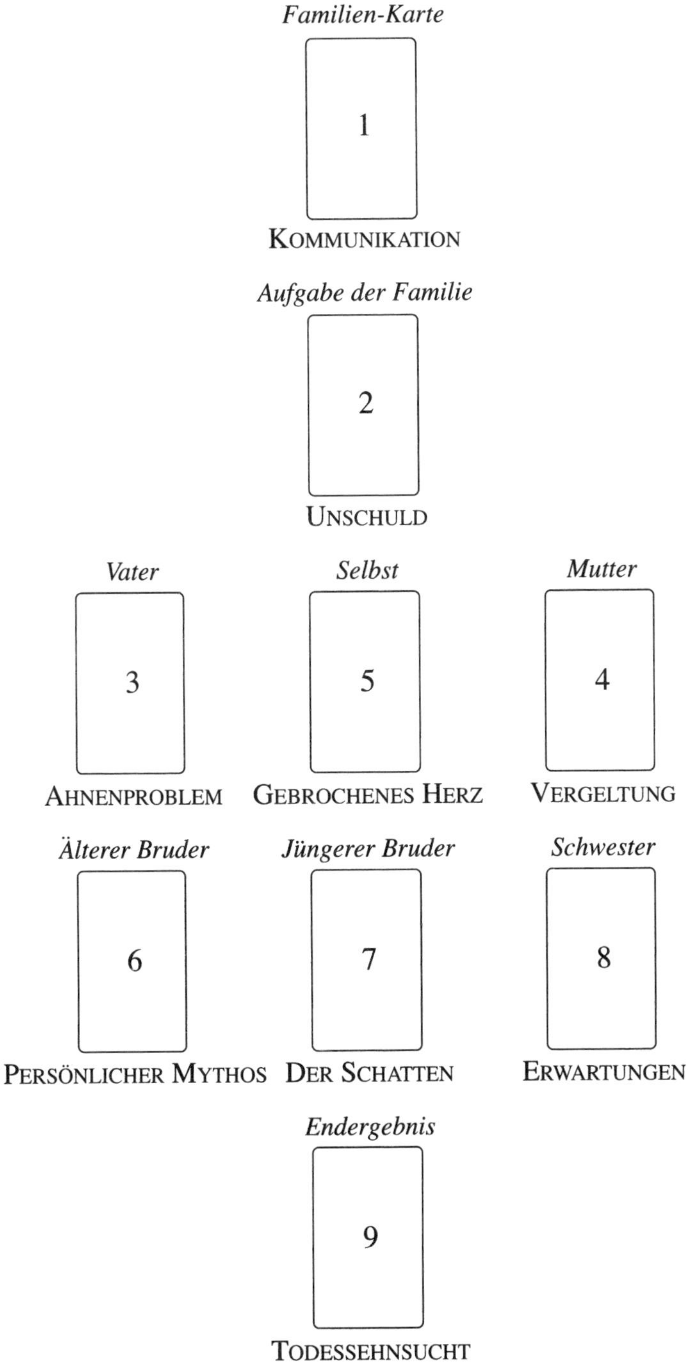
Familien-Karte
1
KOMMUNIKATION
Aufgabe der Familie
2
UNSCHULD
Vater
3
AHNENPROBLEM
Selbst
5
GEBROCHENES HERZ
Mutter
4
VERGELTUNG
Älterer Bruder
6
PERSÖNLICHER MYTHOS
Jüngerer Bruder
7
DER SCHATTEN
Schwester
8
ERWARTUNGEN
Endergebnis
9
TODESSEHNSUCHT

Kommunikation ist ein Symbol für die Familie selbst und drückt das Wesen der Familie aus. Liegt an dieser Stelle eine negative Karte, so spricht sie von den Dingen, die du zu heilen gekommen bist. Bruce' Aufgabe handelt davon, der Welt die Gnade der Unschuld zu bringen. Kommunikation ist aufgrund all der Themen, die von den übrigen Karten angesprochen werden und bearbeitet werden wollen, für diese Familie von ganz entscheidender Bedeutung. Bruce' Vater hat die Ahnenproblem-Karte (die besagt, daß ein Problem über Generationen hinweg weitergegeben wurde). Vergeltung, die Karte seiner Mutter, bedeutet, daß sie einen Verlust erlitten hat und sich anschließend dafür rächen wollte. Die Karte des Gebrochenen Herzens beziehungsweise der verletzten Gefühle zeigt, wie die Dinge für Bruce standen, als er aufwuchs. Sein älterer Bruder war in einem Persönlichen Mythos gefangen, in einer Geschichte, die ihn beherrschte. (Die Intuition sagte Bruce, daß es eine Geschichte war, in der sein Bruder den „Erlöser" spielen wollte.) Der jüngere Bruder hat die Schatten-Karte, sie ist Ausdruck einer Energie auf unbewußter oder einer Überzeugung auf seelischer Ebene – wie dies auch bei seinem älteren Bruder der Fall ist. In diesem besonderen Fall hatte der jüngere Bruder ein wirklich düsteres Bild von sich selbst, und Bruce schien es, als handle es sich dabei um die Überzeugung, der „Zerstörer der Familie" zu sein. Seine Schwester hat die Karte der Erwartungen, die zum Perfektionismus führt.

Zusammengenommen mündet all dies für seine Familie im Endergebnis der Todessehnsucht. (Bruce hielt seine Familie für sehr erfolgreich, insofern als alle Mitglieder noch am Leben waren.) Er warf der Reihe nach alle Fallen-Karten von Karte drei bis sechs, und sie alle kamen mit der Vorderseite nach unten zu liegen. Dies bedeutet, daß alles, womit Bruce und seine Familie ins Leben gekommen waren, inzwischen geheilt ist.

Um sich ein neues Endergebnis für die Familie, in der er aufgewachsen ist, aufzeigen zu lassen, zog Bruce eine Karte aus dem Satz der positiven Karten: Fluß.

Seelen-Befragung

Eine Seelen-Befragung beschreibt die heilbringenden Herausforderungen und die heilenden Gaben, die ein Mensch in die einzelnen Stadien seines Wachstums einbringt. Eine Seelen-Befragung kann zwar einerseits im Hinblick auf den Fortgang der Entwicklung vom ersten Stadium (Verlust und Angst) bis zum Stadium der „Meisterschaft" gedeutet werden, gleichzeitig gibt dieses Legesystem aber auch Auskunft über den momentanen Stand der Dinge. Eine Seelen-Befragung zeigt, welche Dynamik in den einzelnen Stadien noch immer am Werk ist, und kann Aspekte widerspiegeln, die in den jeweils aufgezeigten Bereichen noch der Heilung bedürfen. Eine Lösung in diesen Bereichen ermöglicht nicht nur wesentlich mehr Freiheit und Erfolg, sondern führt auch zu all den Dingen, die wir im Leben so sehr schätzen, wie Liebe, Fülle, Glück und Gesundheit.

Wähle aus dem vollständigen Kartenpäckchen je eine Karte für jedes der nachfolgenden neun Stadien (oder Ebenen).

	Problem/Blockade		**Heilendes Prinzip**
1	Verlust, Angst, Bedürfnisse, Verlassensein	**1**	Verstehen
2	Gebrochenes Herz, Krieg, Eifersucht, Vergeltung, Verletzung, Ablehnung	**2**	Annehmen
3	Schuld, Aufopferung, Unwürdigkeit	**3**	Vergebung
4	Erwartungen, Festhalten, Vergleich, Phantasien, Perfektionismus	**4**	Wahl, Loslassen, Ziele setzen
5	Kontrolle, Machtkampf	**5**	Vertrauen, Integration, Kommunikation
6	Gefühle der Todeszone wie Erschöpfung, Ausgebranntsein, Überdruß, Versagen, Rollen/Regeln/Pflichten, Ödipuskomplex, Konkurrenzdenken, Angst vor dem nächsten Schritt	**6**	Verbindliches Engagement, Wahrheit, Freiheit, Leichtigkeit, Partnerschaft
7	Blockaden im Bereich der Führungsqualitäten: Persönlichkeit (im Sinne von Charakter), Befangenheit, Verlegenheit, Scham, Demütigung, Selbstkasteiung	**7**	Führungseigenschaften, Aufgeschlossenheit und Begabung
8	Blockaden auf Visions-Ebene: Dunkle Geschichte, Andere Leben, Ahnen-Probleme, Persönliche Mythen, Schamanische Prüfungen	**8**	Vision, Kreativität, Kraft und Stärke, Lebensaufgabe, Geburt, Zauber
9	Blockaden auf Meisterschafts-Stufe: Wertlosigkeit, Überleben, Der Schatten	**9**	Meisterschaft, Unschuld, Zentriertheit, Reiche der Meisterschafts-Stufe, Erwachen

Lege die neun Karten wie nachfolgend abgebildet. Wenn du magst, kannst du eine zehnte Karte ziehen, die dann für dein Selbstbild steht.

Befragungsbeispiel

Noel wählte für seine Befragung folgende Karten:

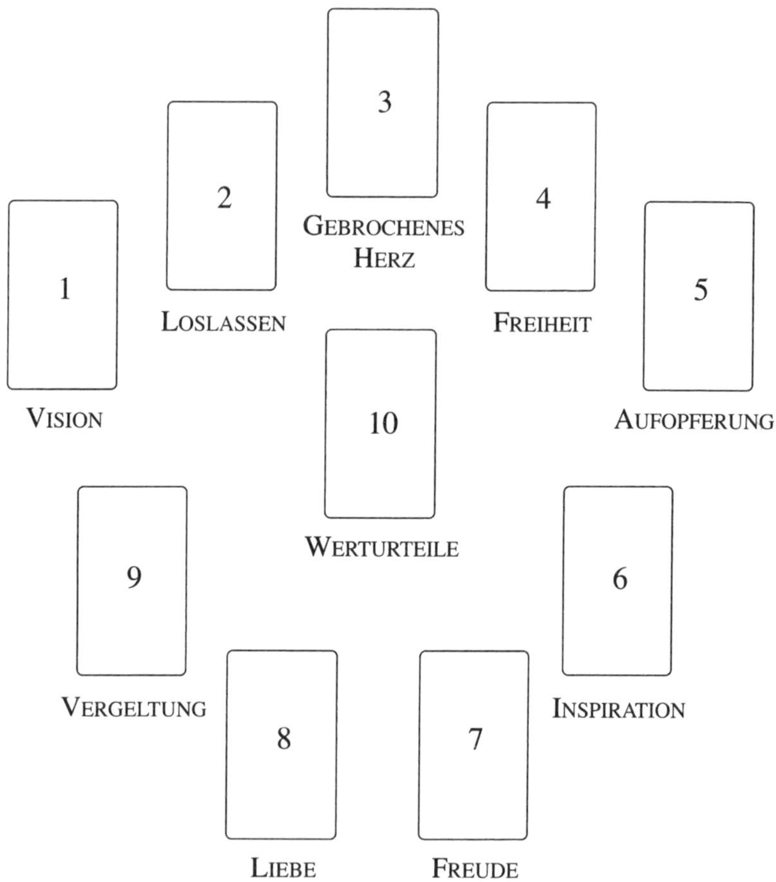

1 und 2 Höchstes und vordringlichstes Ziel von Noels Seele war es, ein ganz neues Gefühl der Vision, des Lichts oder des Verstehens zu bringen, um das Leid zu lindern. Die nächste Lektion nach seinem Eintritt in die Welt lautete dann, in all den Bereichen loszulassen, in denen er höchstwahrscheinlich als Kind großen Kummer erlitten hatte.

3 Im nächsten Stadium des Wachstums wird Noel aufgefordert, die Schuld und die unguten Gefühle, die von jenem Kummer aus früherer Zeit stammen, aufzulösen. Dies ist der erste wichtige Bereich, den Noel zu heilen gekommen ist, und er steht in enger Verbindung mit der Karte der Werturteile auf Position zehn, die Noels Selbstbild repräsentiert.

4 Freiheit wird als nächstes zu einer sehr wichtigen Lektion. Die Wahl dieser Karte für die Position der Erwartungen zeigt, daß Noel sie als eine Gabe mitgebracht hat, die es ihm ermöglicht, von Erwartungen frei zu sein beziehungsweise mit Leichtigkeit durch sie hindurchzugehen.

5 und 6 Ein weiterer Schlüsselaspekt im Stadium der Kontrolle dreht sich um Aufopferung und Heilung. Noel hat Aufopferung dazu benutzt, um sich selbst und andere zu kontrollieren und sich dadurch vor einem gebrochenen Herzen zu schützen. In der Todeszone (einem Bereich, in dem der Mensch große Erstarrung und Leere verspürt) steht Noel die Gabe der Inspiration zur Verfügung, die ihm hilft, dieses schwierigste aller Stadien durchzustehen und sich durch Wahrheit und mit Leichtigkeit von diesem Ort zu befreien.

7 und 8 Das Stadium der Führung bringt ihm Freude, eine Gnade-Karte, die ihn von der Befangenheit und Selbstqual der Persönlichkeit befreit. Tatsächlich geht es in seinem Leben um Freude und darum, anderen Menschen zu zeigen, daß auch sie Freude erfahren können. In das Stadium der Vision bringt Noel die Gnade-Karte der Liebe ein, was bedeutet, daß ihm die Liebe nicht nur Vision und Lebenszweck beschert, sondern auch, daß Vision und Lebensaufgabe durch Liebe verwirklicht werden.

9 Auf der Stufe der Meisterschaft steht er vor der Herausforderung, die für ihn als zentrale Schattenfigur auftauchende Vergeltung zu heilen.

10 Die zusätzlich für Noels Selbstbild gezogene Karte war die Karte der Werturteile; sie deutet darauf hin, daß im Mittelpunkt seines gegenwärtigen Lernprozesses die Überwindung von Werturteilen steht, insbesondere von Urteilen über Menschen, die er tadelt, um seine eigene Schuld zu verbergen; in seinem Fall könnte es sich möglicherweise auch um Selbstverurteilung handeln.

Kontaktmöglichkeiten

Dr. Chuck Spezzano und seine Frau Lency halten weltweit Vorträge und Seminare. Bitte setze dich mit uns in Verbindung, wenn du Informationen über die nationalen und internationalen Veranstaltungen und die Produkte der **Psychology of Vision** erhalten möchtest.

Internationale Website:
www.psychologyofvision.com

Hier erhältst du Informationen über Veranstaltungen, Produkte und Kontaktadressen der **Psychology of Vision**.

Die Kontaktadresse für Deutschland, Österreich und die Schweiz lautet:
Psychology of Vision DACH
Telefon: +41 (0)78 638 27 70
Fax: +41 (0)32 622 89 49
E-Mail: DACH@psychologyofvision.com
www.psychologyofvision.com/DACH

Informationen zu internationalen Workshops und Vorträgen der Psychology of Vision erhältst du über:
Psychology of Vision, Kanada
Telefon: +1 604-298-4011
E-Mail: promotions@psychologyofvision.com
www.psychologyofvision.com

Weitere Titel aus dem Verlag Via Nova:

Karten der Partnerschaft

Liebe in Partnerschaft und Beziehungen

Chuck Spezzano

90 künstlerisch gestaltete, farbige Karten mit Begleitbuch, 224 Seiten,
ISBN 978-3-86616-090-3

2. Auflage

Die Karten der Partnerschaft wollen dazu beitragen, eine Beziehung auch dann lebendig zu erhalten, wenn die Phase der ersten Verliebtheit vorbei ist, und sie wollen dem Paar, das sie befragt, dabei helfen, erfolgreich alle Hindernisse und Klippen zu umschiffen, die jede Beziehung überwinden muss, um auf lange Sicht glücklich und erfolgreich sein zu können.Wie schon bei den Karten des Lebens hat die Künstlerin Petra Kühne auch hier wieder zu jedem Thema der insgesamt 90 Karten ein vollendetes kleines Kunstwerk geschaffen. Ein Begleitbuch erläutert die Bedeutung jeder Karte, zeigt Prinzipien auf, die verstehen helfen, was eine Beziehung voranbringt und was sie zurückhält, und macht Vorschläge für mögliche Befragungen. Die Karten der Partnerschaft sind eine wirklich gelungene Fortsetzung der bereits vor einigen Jahren bei Via Nova erschienenen Karten der Liebe und knüpfen nahtlos an deren großen Erfolg an.

Karten des Lebens

Lebensgeschichten erkennen und heilen

Chuck Spezzano

100 künstlerisch gestaltete farbige Karten mit Begleitbuch,
224 Seiten, ISBN 978-3-86616-028-6

9. Auflage

Die Drehbücher oder Geschichten, die unser Leben bestimmen, schreibt jeder Mensch selbst. Die Karten des Lebens – das neue Karten-Set des bekannten Lebenslehrers Chuck Spezzano – zeigen die Geschichten, die wir in unserem Leben erzählen, ganz gezielt auf. Es können fröhliche und kraftvolle, aber auch dunkle und zerstörerische Geschichten sein. Wir schreiben sie oft in Sekundenbruchteilen, tragen sie und ihre Folgen aber ein Leben lang mit uns. Negative Geschichten aus der Vergangenheit zu heilen und positive, lebensbejahende Geschichten zu stärken ist ein Herzensanliegen von Chuck Spezzano und ein Eckpfeiler seiner Arbeit. 100 wunderschöne, von der deutschen Künstlerin Petra Kühne einfühlsam gestaltete Karten sowie ein Begleitbuch, das die tiefere Bedeutung jeder einzelnen Karte erklärt und Beispiele für verschiedene Befragungsmöglichkeiten enthält, geben dem Leser ein ideales Werkzeug an die Hand, mit dessen Hilfe er seine Lebensmuster erkennen, negative und destruktive Muster heilen und dadurch zu mehr Glück und größerer Fülle im Leben gelangen kann.

Wenn es verletzt, ist es keine Liebe

52 Beziehungskarten für jede Woche mit Begleitbüchlein

Chuck Spezzano

ISBN 978-3-86616-057-6

2. Auflage

Die Beziehungskarten können helfen, die wichtigsten Prinzipien und Lebensweisheiten über glückliche Beziehungen aus dem Bestseller „Wenn es verletzt, ist es keine Liebe" so zu verinnerlichen, dass sie im Alltag als konkrete Lebenshilfe angewandt und verwirklicht werden können. Es kann eine Karte intuitiv gezogen oder auch bewusst ausgewählt werden, auf der dann ein wichtiges Prinzip der Beziehungskunst steht, das einen eine ganze Woche lang begleiten kann. Die Karte kann man sichtbar an einem Ort aufstellen, der ständig im Gesichtsfeld ist – Schreibtisch, Küchenschrank, Spiegel im Bad, so dass diese Beziehungsweisheit immer wieder bewusst wird, bis sie als Herzenserkenntnis zu Eigen geworden ist.

Karten der Liebe

84 farbige Karten mit Begleitbuch
Chuck Spezzano

5. überarbeitete Neuauflage

Kartenset, 84 Karten mit Booklet, 160 Seiten, ISBN 978-3-86616-486-4

Manche Menschen scheinen größeres Glück in der Liebe zu haben als andere, aber es steckt mehr dahinter als nur Glück. Der international bekannte Lebenslehrer Chuck Spezzano zeigt auf anschauliche Weise, wie der aufmerksame Leser mit Hilfe der 84 Karten seine Chancen für eine glückliche und erfolgreiche Liebesbeziehung vergrößern kann. Die Karten sind in die vier Kategorien *Heilung, Glück, Gnade* und *Probleme* unterteilt. In dem dazugehörigen Begleitbuch werden alle Karten und ihre jeweiligen Bedeutungen ausführlich beschrieben. Außerdem werden verschiedene Befragungsbeispiele und Legesysteme vorgestellt. Die *Karten der Liebe* sind sowohl für Menschen gedacht, die noch nach ihrer ganz besonderen Beziehung suchen oder gerade am Anfang einer Beziehung stehen, als auch für Menschen in einer langfristigen Partnerschaft, denen die Karten neue Erkenntnisse über ihre Liebesbeziehung vermitteln und helfen, sie zu verbessern. Sie zeigen nicht nur die schönen Seiten der Liebe wie Vertrauen, Lachen und Glück, sondern auch ihre Fallen wie Erwartungen, Kontrolle und Eifersucht, die es zu vermeiden gilt, damit die Liebe nicht schal wird.

Karten der Selbstheilung

Illustrationen von Petra Kühne
Chuck Spezzano

3. Auflage

100 farbige Karten mit Begleitbuch (240 Seiten), ISBN 978-3-86616-209-9

Die Karten der Selbstheilung sind eine große Hilfe, denn sie geben jedem die Möglichkeit, unterbewusste Muster zu erkennen und aufzulösen, die oft Ursache von Krankheiten und Problemen sind. Die Karten der Selbstheilung sind nach bewährter Manier in fünfzig positive und fünfzig negative Karten unterteilt, und wie schon bei den Karten des Lebens und den Karten der Partnerschaft hat die Künstlerin Petra Kühne wunderbare kleine Kunstwerke geschaffen, die die Aussagen der Karten mit Leben erfüllen. Ein Begleitbuch erläutert die Bedeutung der Karten, macht Vorschläge für mögliche Legungen und stellt zudem heilende Übungen vor, die helfen, die Ursachen von Krankheiten und Problemen zu erkennen und aufzulösen.

Brücken zwischen Himmel und Erde

Meditationen, Gedichte, Geschichten, Fotos, Bilder
Aufgeschrieben und gestaltet von Chuck, Lency, Christopher, J'aime Spezzano

Hardcover, vierfarbig, 192 Seiten, über 100 Fotos und Bilder,
ISBN 978-3-86616-128-3

Brücken zwischen Himmel und Erde ist ein Buch, das von einer Familie geschaffen wurde. Es enthält Photos des Sohnes (der auch für das Layout verantwortlich ist), Gemälde der Tochter, inspirierende Kurzgeschichten der Mutter und poetische Texte des Vaters, die das Herz öffnen. Die Photos zeigen die Schönheit und die Vielfalt der Erde, und die Gemälde berühren und öffnen für die Schönheit der Kunst. Worte können Arznei sein, das perfekte Gegenmittel gegen das, was uns quält. In einer Welt, die allzu oft den Mut verloren hat, soll dieses Buch dem Leser helfen, ihn wiederzugewinnen. Man kann einen anderen Menschen nur inspirieren, indem man sein Herz öffnet und das, was einen selbst inspiriert, mit ihm teilt. Genau das hat die Familie Spezzano getan.

Heilung von Schuldgefühlen

Das Geschenk des inneren Friedens wieder erfahren

Chuck Spezzano

2. Auflage

Hardcover, 256 Seiten, ISBN 978-3-86616-197-9

Schuldgefühle – wer kennt sie nicht? Schuldgefühle bewirken, dass wir uns herabsetzen und uns für das bestrafen, was wir getan zu haben glauben. Chuck Spezzano nähert sich diesem Thema mit der ihm eigenen Mischung aus Humor und Tiefgründigkeit. Er zeigt in seinem wachrüttelnden Buch nicht nur, wie es gelingen kann, die oftmals tief im Unterbewusstsein verborgenen Ursachen unserer Schuldgefühle aufzudecken, sondern stellt auch Wege vor, wie sie geheilt werden können. Seine Prinzipien werden anhand von Übungen und Fallbeispielen aus seiner langjährigen Praxis als Therapeut veranschaulicht. Die wichtigste Botschaft des Buches lautet, dass in seinem innersten und unveränderlichen Wesenskern jeder Mensch unschuldig ist.

Heilung beginnt im Herzen

Die inneren Kräfte wecken,
um Körper und Seele zu heilen

Chuck Spezzano

3. Auflage

Hardcover, 240 Seiten, ISBN 978-3-86616-140-5

Das neue Buch des bekannten Lebenslehrers Dr. Chuck Spezzano gibt dem Leser grundlegende Prinzipien und Methoden an die Hand, um sich von allen Formen von Krankheit und Schmerz zu befreien. Es ergründet nicht nur die Wurzeln dessen, was Krankheiten und Schmerzen erzeugt, sondern zeigt darüber hinaus praktische Wege, wie man die dem eigenen Herzen und Geist innewohnende Kraft nutzen kann, um Krankheiten zu heilen und Schmerz aufzulösen.

WHY SHIT HAPPENS

Warum guten Menschen schlimme Dinge zustoßen

Chuck Spezzano

2. überarbeitete Neuauflage

Taschenbuch, 320 Seiten, ISBN 978-3-86616-513-7

Ganz gleich, was uns im Leben begegnet, welche Hürden sich in unserem persönlichen Entwicklungsprozess, in unseren Beziehungen oder unserem Beruf zeigen, es gibt nur einen Weg, der wirklich heilt, und er heißt: vollständige Selbstverantwortung. Welche Prinzipien und Dynamiken im menschlichen Bewusstsein dabei wirken und wie wir lernen, die Rolle der Selbstverantwortung in ihrer ganzen Dimension zu verstehen und unmittelbar anzuwenden, das erfahren wir in diesem neuen Meisterwerk in einzigartiger Klarheit. „Nach 45 Jahren therapeutischer und beratender Tätigkeit fühlte ich mich jetzt erst bereit, dieses Buch zu schreiben", sagt der international bekannte Weisheitslehrer Chuck Spezzano und gibt uns damit einen Begriff von der fundamentalen Bedeutung des Themas für Bewusstwerdung und Transformation.

Psychology of Vision

Grundprinzipien spiritueller Psychologie

Chuck und Lency Spezzano

Taschenbuch, 216 Seiten, ISBN 978-3-86616-507-6

Die von Chuck und Lency Spezzano entwickelte *Psychology of Vision* ist eine gelungene Synthese von Psychologie und visionärer Spiritualität. Ihr Ziel ist nicht weniger als eine ganzheitliche und umfassende Transformation, die ein lebenswertes, glückliches und erfülltes Leben ermöglicht. Dieses systematisch und übersichtlich aufgebaute Grundlagenbuch vermittelt einen Einblick in die Einsichten, Modelle, Konzepte und Methoden, die Chuck und Lency Spezzano im Laufe der letzten viereinhalb Jahrzehnte gemeinsam erarbeitet haben und die das Fundament der *Psychology of Vision* bilden. Es vertieft nicht nur die Heilungsprozesse, die durch den Besuch von Workshops oder durch die Lektüre anderer Bücher der Autoren angestoßen wurden, sondern ist darüber hinaus ein äußerst hilfreicher Begleiter für alle Menschen, die einen Weg der Heilung gehen möchten.

Jede Angst auflösen

Schnell, sicher und für immer

Peter Reiter

2. Auflage

Hardcover, 160 Seiten, ISBN 978-3-86616-227-3

In 10 praktischen Schritten können Sie sich durch dieses Buch von all Ihren Ängsten und Sorgen befreien, allein durch die Kraft Ihres Geistes, ohne jede Vorübung und weitere Hilfsmittel. Der Bewusstseinsforscher und Therapeut Dr. Peter Reiter hat schon zahlreiche andere Verfahren entwickelt, Menschen von Leid zu erlösen und ihnen Glück und Erfüllung zu vermitteln. Hier stellt er eine sichere und leicht gangbare Methode vor, Ängste durch Bewusstseinsänderung dauerhaft aufzulösen und das in jeder Angst verborgene Geschenk zu entdecken und zu nutzen. Beispiele zahlreicher Menschen, die diese sensationelle Wirkung bereits erfahren haben und bestätigen, überzeugen.

Wie Beziehungen wirklich gelingen

Neue Wege für Liebe und Partnerschaft

Jeff und Sue Allen

Hardcover, 256 Seiten, ISBN 978-3-86616-210-5

Beziehungen sollten eigentlich der Himmel auf Erden sein, aber genau das Gegenteil ist fast immer der Fall. Die Liebe zum Partner liegt unter dem Schmerz ständiger Auseinandersetzungen, gegenseitiger Schuldzuweisungen und tiefer Verletzungen vergraben. Jeff und Sue Allen zeigen in ihrem Buch nicht nur die verborgenen Triebkräfte auf, die in allen Beziehungen am Werk sind, sondern auch Wege, sie zu erkennen und zu verwandeln. Anhand ihrer eigenen authentischen Geschichte nehmen sie den Leser mit auf eine Reise durch die Stadien, Gefahren, Irrgärten und Fallen, die es in einer Beziehung zu überwinden gilt, um zu wahrer Liebe und echtem Glück zu gelangen.